JS

情況新書
013

哲学に何ができるか（抄）

五木寛之・廣松渉
Itsuki Hiroyuki, Hiromatsu Wataru

本書は朝日出版社から一九七八年に刊行され、中央公論文庫に収録された元本を抄録したものです。

哲学をより解りやすく普及させる、対談の趣旨をそこなわない範囲で編集しました。

廣松渉さんのこと

五木寛之

廣松さんと知り合ったのは、いつ頃のことだったのだろうか。笠井潔さんと三人で、神田の喫茶店で会ったのが最初だった。

そのとき私は廣松さんのことを、ほとんど知らなかった。だが話をしていて妙に音階の合うところがあり、きいてみると一時、柳川の伝習館高校にいたことがあるという。私も引き揚げ後、しばらくその辺に住んでいたことがあって、妙に話が合ったのだ。出身地は山口県だというが、長州生れの福岡育ちとなればどことなく只ものではないという気がした。どこかに玄洋社的な匂いも感じられるところがあった。

初対面の私に、いきなり、今度の東大の入学式で話をしてくれないか、と言う。冗談だろうと思って調子よく応じていたら、本当の話だった。これという打ち合わせも、正式の依頼状もない。当日、何時に武道館へきてくれ、というのである。

昭和五四年度の東大の新入生は、さぞかし困惑したにちがいない。変な作家が現われて、すこぶる下品な悪所の話などしたのだから。

当日、たぶん私は突っ張って、わざと露悪的な話題を持ち出したのだと思う。若気のいたりとは、まさにこのことだ。私はすこぶる後悔して、あとで廣松さんに謝ったのだが、彼は平然としていた。

「あれでいいんですよ。おもしろかった」

と、彼は笑って言った。私の記憶の中の廣松渉とは、そういう人物だった。哲学者というより、任挟の徒と国士とをミックスしたようなイメージがつよい。

廣松さんは義に厚い人だった。のちに厄介な対談本を出版社から持ち込まれたときも、彼は何の注文もつけずに引き受けてくれたらしい。目に一丁字《いってぃじ》なき読物作者に対して、彼は辛抱づよく噛んで含めるように哲学のイロハを語ってくれた。私はそのときはじめて哲学者・廣松渉の本領をかいま見たような気がしたのである。

『哲学に何ができるか』というその本のために、ある夏、私と廣松さんは信州で学生のような合宿をした。授業の合い間に彼が語ってくれた若い頃の友人の話を、いまもふと思いだすことがある。

「運動に参加するなら命がけ、というわけで、彼はパイプカットしたんだよ。子供や家族がいたんじゃ革命に献身できないからってね。滑稽だけど当時はそんな空気だった」

たしかに今では想像できない話だが、事実、そういう時代もあったのだ。苦笑しながらそんな話をする哲学者の横顔には、さまざまな歴史をくぐり抜けてきた人間の陰翳が漂っているような気がした。

哲学に必要なのは「知」であるという。しかし私は常に通俗的な「情」の世界にこだわってきた人間だ。廣松さんとの対話に噛み合わぬところがあっても当然だろう。しかし私たちは夜を徹して語り合ってもなお飽き足りぬところがあった。本編を離れてそんな雑談をここに収録できないことが残念である。

今回、縁あって四十年前の対話が再び世に出ることになったのをうれしく思うと共に、編集・抄録の労を担ってくれたスタッフに感謝したいと思う。

二〇一八年　五木寛之

【目　次】

第一章　現代哲学とは何か

「哲学」という言葉

五木　ぼくらの世代には日本人の教養癖とでもいうんでしょうか、食って寝て暮していくだけでは、なんとなく後ろめたいような気分があります。いま書いているユーモア小説の中にも、休日になると吉川幸次郎の『新唐詩選』を広げたり、あるいは小林秀雄の『本居宣長』を読んだりする広告代理店に勤めている中年男が出てくるんですが、とにかくいつも何か読まなければという気がする。そういうときにひろげるのがかつては哲学の入門書とか、古典や思想全集などの類だったわけ。ところが教養というか、知的欲求そのものが戦後も数十年たって、大きく変ってきたのではなかろうかと考えるんですね。

ぼくは哲学をやるには、或るセンスが必要だという気がしています。運動も音楽もそうですけどね。ぼくは自分でそのセンスに欠けるタイプの人間だと思っているのですが、そこをなんとかして頂きたいと。むかしは「音痴」などとバカにされていた人たちも、最近では違う見方がされているそうですから、ひとつよろしくお願いします。まず手はじめに最も初歩的な質問からうかがうとして、哲学という言葉はいつごろから日本で使われはじめたものなのでしょうか。

廣松　井上哲次郎あたりがフィロソフィーの訳として造語したと言われていますが、明治の二十年代にははやくも定着していたそうですね。それ以前には「理学」というような訳語もあったようです。

五木　理学？　なるほど。以前、科学という言葉は伊藤博文がつくったかということを聞いたことがありますけど。音楽は音の楽しみでしょう。文学は、本来なら文楽のはずが、文楽があるからしかたがなくて（笑）、文学にしたんだろうけども、哲学もなかなか哲の楽というふうにはいかないわけですね。フィロソフィーという言葉が今いう哲学の原義だそうですが、やはりラテン語なんですか、あれは。

廣松　おおもとにまでさかのぼれば、ギリシア語ですけど。この言葉のもとは知を愛するという意味で学というような含みは必ずしもなかったと思うんです。「哲」という字の意味はよく知りませんが、哲人というような東洋にあった概念が連想されますよね。仏教で「事」と「理」とを対比的に考える文脈では、理学のほうがまだしもわかるような気がしますけれど。

【哲学の起源】

哲学は紀元前六世紀、ギリシア植民地ミレトスにおいて生まれた。自然現象をこの世を超越する神の御業であると解釈する神話的世界観から脱し、世界を世界そのものから説明することによって哲学は始まったのだ。この世界はどこから生まれたのか、変化と消滅の運命を免れない世界の中にあって、消滅することがない根源的なものを「アルケー」と呼び、タレスはこれを水、アナクシマンドロスは無限定なもの、アナクシメネスは空気と考えた。

五木　すると、つまり人間というのは、ギリシアよりももっと昔から、やはり食って寝て生きているだけでは満足できないというところがあったわけですね。それが結局ものを考えるという行為につながっていって、つまりは〝いかに生くべきか〟という生き方の問題につながってゆく。〝いかに生くべきか〟ということは、いつの時代においても重大事だったわけだ。

廣松　日本では、哲学というと人間いかに生くべきかということを論ずる人生哲学というようなものを連想しがちだと思うんですが。その点、ヨーロッパの場合は基本的にはあくまで「愛知」であって、よく生きるための技術知ではなさそうですね。東洋では、仏教や儒教の教学といっても、観照的ではなく実践的だと思うんです。それは一種の宗教だからだと言われるかもしれませんが、仏教や儒教はキリスト教や回教をモデルにして考える場合の宗教とは、そもそも宗教の次元ですでにちょっと違う。

五木　本来の仏教はその通りですね。しかし、それが日本に入ってきて、親鸞あたりになりますと一つの宗教になってくる。

廣松　このことについては、あとで問題にするとして、さしあたりヨーロッパの伝統的な哲学では、初めから、世界とはなんぞや、というふうな関心の向け方になっている。

五木　なるほど。すぐに役に立たなくってもいいわけですね。そうかがうと、ぼくもそれが本当かな、という気がしないでもないな。〝知ることを楽しむ〟というほど立派なことでなくとも、たとえばなんでもいいんですが、「あ、これだ」と気がついたときなどとてもうれしいですから。

廣松　先ほどは大枠的な対比として、観照的と実践的という言い方をしたわけですが、もう少し下った次元でいえば、東洋でも仏教なんかには観照的な一面があるし、またヨーロッパ哲学といえども非実践的とは言い切れない。古典期のギリシア哲学では「英知を愛する」ということが基調であって、人生いかに生くべきかということは直接的な主題ではなかった。ソクラテスあたりはちょっと別になりますけれども、概していえば観照的なんですね。

五木　なるほど。

廣松　ところが、ルネッサンスから近代になってきますと、キリスト教神学に取り込まれる以前の哲学の原型が復権され、さらにはまた哲学自身の内部にキリスト教から相対的に自立したかたちで「人生いかに生くべきか」という方面を独自に考える動きや部門が出てくる。という次第で、ヨーロッパ哲学といえども必ずしも非実践的ではない。

五木　哲学が「神学の侍女」であったということは、近代以前には僧院に住んでそこでものを考えたり読んだりした、僧侶のような人たちが哲学者であった時期があるわけでしょう？　その僧院というものは、キリスト教の枠の中でのみ存在したものなんですかね。

廣松　僧院にも時代による差があって、特にフランチェスコあたりが始めたような修道院と、後にパリ大学とか、オックスフォード大学とかの母体になったような時期の修道院とは、実際の性格が非常に違ってはきますけれども、基本的にはそうですね。

近代哲学になると様子が変ってきます。イギリス経験論の哲学者、たとえばロックだヒュームだといいましても、認識論の方面ばかりが話題にされる傾向がありますけど、ロックにせよヒュームにせよ、彼ら自身の哲学においては倫理の問題がきわめて重要ですし、彼らは単に道徳哲学を論ずるだけでなく経済や政治の問題を主題的に論じているわけです。ところが、特に日本の場合、そういう方面はあまり問題にしない。

五木　日本の文化の受容のしかたというのは、独特というか、常に必要な部分だけを取るところがありますね。「和魂洋才」とか。

廣松　明治以来、日本のアカデミズムでは、ヨーロッパ哲学のうち実践哲学のアクチュアルな部面は切り棄ててきたわけです。「和魂洋才」で（笑）、洋魂を切り棄てるかたちで実践哲学の部面をなるべく遠ざけてきた。そういう点、自然科学の受容の仕方とも様子が違うんですね。それは単にアカデミズムが象牙の塔に閉じこもったということだけでなく、資本主義発展のテンポとか、文化的伝統とか、そういう歴史的条件からいって西洋の実践哲学は日本では役に立たないということもあってのことだとは思います。

【イギリス経験論】
知識や観念の源泉が、経験にあるとする立場。ジョン・ロックは、人間の心は生まれたときには何も書かれていない白紙、「タブラ・ラサ」のようなものであり、これに文字を書き込むように、経験が観念を与えると云う。経験には感覚と内省があり、感官を通して感覚が心に運び入れられ、これを心の作用である内省によって捉え返すことで観念が生まれる。デイヴィッド・ヒュームは、原因と結果という因果律も、二つの事象が必然的に結合していると考えるのは、習慣という経験からしかもたらされないとする。たとえば炎の前で熱さを感じる経験を繰り返すことで、原因としての炎と結果としての熱さという因果律が成立する。

哲学と思想のちがい

五木　三島由紀夫が、晩年といっても四十いくつですけど、陽明学に凝って、知行一致というようなことを考えていた。ああいう陽明学といったものも哲学の範疇にあるものとして考えていいんですか。

廣松　広い意味で哲学といっていいと思います。あれは儒学の一流派だとはいっても、いろんな要素をとりこんだ壮大な体系ですしね。

五木　そうすると哲学という言葉と、もうひとつよく使われる言葉ですけど、思想という言葉がありますね。ときとするとそれらが同じ意味あいで使われているようにもみられるんですが、その違いというのはどう考えたらいいんでしょうか。

廣松　思想という言葉は、日本では、思想団体とか思想運動とか、一種の党派的な立場ということと結びつけて考えられがちだと思うんです。しかも、それなりに一定の体系性をもったものというイメージが伴う。その点では、英語のソート（thought）とか、ドイツ語のゲダンケ（Gedanke）とはだいぶ違う。むしろ、イデオロギーという言葉に近いのではないでしょうか。先ほどイギリス経験論なんか、日本のアカデミズム哲学では認識論の方面にばかり注目して、実践哲学や社会哲学の方面は無視するかたちの取り扱いをされていると言いましたけれども、実際の内容は、全体としてみるとき、はっきり言ってイギリス資本主義の確立期のイデオロギーだったと思うんです。認識論といっても単なる理論哲学ではなく、まさにイデオロギーとしての性格のものになっている。そのうえ、倫理学もあれば、政治哲学もあり、経済学の基礎みたいなものまである。時代がはやいですから、経済学はまだ大した水準ではないですけれども。ともあれ、そういうものまで含んだ体系になっており、思想という言葉がいちばんぴったりするようなものだったと思うんですね。

　ところがアカデミズムでは、その思想から、いわゆるイデオロギー的な面をできるだけ切り棄てて、もっぱら知を愛するというような姿勢で取り込んだ。

　イギリスあたりではラッセルなんかに至るまで、わりと政治や社会の問題に実践的にもコミットする。ところがドイツ・アカデミズムというのは、自分では政治から超然としているつもりなんですね。日本のアカデミズムは、そのドイツ・アカデミズムを模範にしたと一応はいうことができます。しかし、もう少しオリジナルに物事を考えようとした人たち、そして、いわゆるアカデミズムの教師稼業には満足できない人たちの場合、やはり政治の方面にもコミットする。これは、五木さんの姿勢にもあると思いますし、五木さんにかぎらず日本の文学者の姿勢の中にもあると思うんですが、儒教文化圏のインテリというのは、士大夫なんでね（笑）。世の中をなんらかのかたちで指導しなくちゃいけないという姿勢がある。

五木　なるほど。見方によっては自分も士大夫の通俗化された一派なのかな、とも思う。自分自身ではそういう大それた感じはないんですけど。まあ、今の世の中にひとつ文句でもつけてやろうという気持ちぐらいはありますから。

廣松　ロシアのインテリゲンチャもやはりそうかもしれませんね。つまりただ知を愛するだけでは駄目なんで、やっぱり士大夫として、世の人びとを導いていかなきゃならない。そういう意識が中国や日本のインテリの中には、ひとつの思想というより姿勢としてある。明治以降の日本の知識人、特に反体制的な知識人の場合には、中国的な士大夫とロシア的なインテリゲンチャとが重なったかたちになっている。

五木　それが逆になるとナロードニキみたいになって、自分たちが人民を率いるんじゃない、民衆に学ぶんだといって、自らが知識階級であることを重荷のように感じ、またそれを恥じて民衆の中に入って行ったりする。そういうことをひっくるめて、中国にも、ロシアにも、やはり士大夫の感覚というのはあるようですね。

廣松　それが非常にはっきりしたかたちで出てきたもののひとつが日本のマルクス主義運動ですよね。

五木　なるほど。しかし一方にはそういう現実にコミットするタイプとは反対に、哲学者とか科学者にはずいぶん世間離れした人も多いようですね。カントも、毎朝ピタッと何時に起きて何時に飯食ってとか、いわゆる世間離れしたというかいろいろ非世俗的な生活のエピソードが残っていますが、事実はどうなんですか。

廣松　カントの生活したケーニヒスベルクは、東プロイセンの町ですけれども、カントの時代はたいへんな商工都市ですよね。カントは馬具職人の息子だとはいいましても、親父さんは職人を何人も使っていたんですから、当時ではちょっとした近代市民なんですよね。そのうえにケーニヒスベルクは国際都市ですから、カント自身もイギリスの商人なんかと付き合いがあって、イギリスの政治や社会にも結構興味をもっており、貨幣について議論したりもしている。彼はわりと世俗的なんです。カントは一生独身で過ごしたなんていいますけどね、それは間違いないんだけれども、彼の『人間学』なんて読んでみますと、ご婦人は黒いストッキングを履くと、足がスラリと見えるなんてことを書いているんですよ。ミニスカートの時代じゃないですからね。ご婦人のストッキング姿をどうやってみたんですかね（笑）。しかも黒いのを履いているというのは、大体商売女でしょう、あの時代は。

五木　ははあ。すこし興味がわいてきた（笑）。

廣松　ドイツでもアカデミズムが、象牙の塔にこもってしまうのは、もうちょっとあとの時代、つまりヘーゲルなんかのあとではないでしょうか。マルクスなんかの壮年時代以後といいますかね、十九世紀の後半でしょうね。そういう意味では伝統は短い。

五木　作家でいいますと、たとえばそのいい例がドストエフスキーでしょうね。ぼくはしょっちゅうドストエフスキーを引き合いに出すんで笑われるけど、彼は非常にマスコミ的な作家という印象なんですよ。実際に彼は週刊誌、「市民」というのだったか、その編集をやってコラムも書いていた。あるいは後年、自分の本が売れて出版社だけが儲かるというんで、自分で出版社を興して克明に収益を記録したりしている。よく知られているように、彼は当時の革命運動と関わりあってシベリアに流刑され、帰ってきてからもいろんなかたちでの政治的な発言を繰り返す。クリミア戦争について自分の意見を述べる。また新聞を舞台に世相ルポをやる。当時ロシアで流行した嬰児殺しとかについて論じたりもする。講演も好きだった。とにかく彼の作家論とか、手紙とかを読みますと、小説なんかはわきで書いていたんではないかと思うくらい多岐多様にわたって世俗的な活動をした人なんですね。

哲学における「現代」とは

五木 ときに、哲学でいう現代というのは、そもそもどのへんで区切られるんですか。

廣松 現代というのをどこで区切るかは非常に大きな問題ですけれど、ドイツ系の哲学史家は、大体においてヘーゲル以降を哲学史上の現代と言うんですね。これにはふたつの理由があると思います。ひとつは、哲学史というものが誰から始まるかといえば、ヘーゲルの哲学史から始まるという事情がある。ローマ時代に、ディオゲネス・ラエルチオスなんていう人がいて、大哲学者の列伝を書いたりしてはいますけれど、哲学史というかたちでまとめる作業はその後、プッツリ切れていた。哲学の歴史をまとめようというような作業を始めたのがヘーゲルであり、そのヘーゲルの直系の弟子たちの中から哲学史の専門家が出てきたわけです。

五木 ということは、ヘーゲルのあたりが哲学、つまり学としての哲学の黄金時代だったわけですか。たとえば芸術の世界では、オペラの全盛時代とか、あるいはモスクワ芸術座が華やかなりしころの演劇の全盛時代とか、それから十九世紀のロシア文学に象徴されるような小説の時代とか、ジャンルによって最盛期がありますね。

廣松　われわれが近代と呼んでいる時代の哲学史をまとめるとしたら、デカルトから始まってヒュームあたりで終るあの一時代で、近代哲学のパラダイムといいますかね、基本的な構案と類型はひととおり出つくしたというのでないでしょうか。あとは、ドイツ観念論のあの壮大なドラマを含めてヴァリエーションだと。そういう見地からいえば、本当の意味での黄金時代は、十七・八世紀ということになると思うんです。しかし、これは長い物差しでの議論でして、今日の目からみれば、なんといってもカントからヘーゲルに至るドイツ観念論の時代が黄金時代だったというのが自然でしょうね。それはゲーテだ、シラーだ、モーツァルトだ、ベートーヴェンだというような連中が一斉に登場した時代にあたるわけで、十八世紀の七〇年代から十九世紀にかけての、つまりフランス大革命をはさむ半世紀ですね。

五木　たとえば演劇や小説の世界なんかでは、「現代劇」とか「現代小説」とかいう言い方がありますね。それと同じような意味で現代哲学というものを考えるとしたら、代表的な現代哲学といえば、どのような学派なんでしょう。

廣松　「現代」ということを、単に同時代という意味でなくて、近代とは違うんだという意識を非常に強くもって言い出したのは、哲学の世界ではハイデッガーあたりからだと思うんです。今世紀の二〇年代、つまり第一次世界大戦後のことです。それだったら、第一次大戦後の哲学、つまり新カント派も一巡し、狭い意味での現象学も一応終って、認識論に代って存在論が主流になった時期、「現代哲学」という場合、傍流はいろいろあるにせよ、主要な流派としては、マルクス主義と実存主義と分析哲学、この三つを並列するのが、普通の答えだと思います。

五木　マルクス主義と実存主義、このふたつはぼくらも一応なじみというか、学生時代にひとなみに洗礼を受けたおかげでそれなりの知識ももっている。

廣松　近代と現代とをそこで区分する場合、ヘーゲルが近代哲学の絶頂であり、マルクス主義はそこから出てくるというつながりになります。それから、実存主義は誰が元祖かといえば、これまたヘーゲルとの関係で登場したキェルケゴールということになるでしょう。キェルケゴールが活動を始めたのは、マルクスとほとんど同時なんですね。年はマルクスより五歳ほど上なんですけれども、キェルケゴールから始まるとすると実存主義もやはりヘーゲルから出てきたことになる。

近代の主客図式の超克

廣松　近代哲学の出発点は、主観と客観という両極対立の構図でもって世界全体をとらえようとしてきた「近代」哲学の基本的な姿勢を克服するところからでした。もう一度主客分離以前、精神と物質との二元的分離以前のところに出発点を再措定したということです。主観—客観図式というのは実践の場面では主体—客体という図式になります。この主客図式では駄目だということなんですが、いまから考えてみるとヒュームやリードあたりが、この主客図式の自己否定にまで行きついていたわけです。

主客分離以前、物心分離以前のところに戻るというのは、われわれ東洋人の目からみると、唯識仏教あたりに戻ったような気がするかもしれませんが、これは近代ヨーロッパ哲学の地平でいうと、自己否定になるわけで、それなりに大層なことなんです。先進国イギリスではこの主客図式では駄目だということが一応自覚されるんだけども、まだ十分に機が熟するところまでは行っていない。理論的にみても主客図式の本当の克服というには程遠かったわけです。そこでもう一度同じ主客図式を位相を変えてやり直したのが、カントからヘーゲルまでの展開なんですね。そして、ヘーゲルではまだ並行進化がヒュームのところまでは行きついていなかったわけです。

ヘーゲルの後、マルクス主義がいちはやく登場しますけれど、アカデミズムでは新カント派がのさばって主観—客観でなんとかやろうとする。もっとも普通の意味の主観—客観ではどうにもしようがないんで、新カント派も最後になってきますと、主観の側も客観の側も両方とも三重の構造で考えるみたいなことまで出てくる始末なんです。主観—客観図式ではどうにもならないことが、世紀末から今世紀にかけてあらためて自覚されざるをえなくなったゆえんでして。

五木　主客図式の超克をめぐって、各国の哲学が連動しているわけですか。

廣松　そうですね。ヨーロッパの内部での、それも極端にいうと英独仏の間のというべきかもしれませんけどね。ドイツはちょっとサイクルが遅れますが、イギリスとフランスはほとんど軌を一にしていますよね。イギリスのホッブスやロックあたりはデカルトを踏んでますし、十八世紀になるとこんどは逆にフランスの啓蒙思想家たち、百科全書派なんかはイギリス哲学を輸入する。また、たとえばルソーなんかがデビュー作を書くと、すぐアダム・スミスあたり——アダム・スミスというと経済学者としか思われていないむきがありますけど、彼ははじめスコットランド常識哲学派の道徳哲学のプロフェッサーなんですがイギリスに紹介するといった具合でしてね。

五木　スタンダールが文章中に英語をたくさん入れすぎると当時批判されていた話を読んだことありますけども、フランス人は英語をきらうっていうでしょう。だけどぼくはあれは嘘だろうというのが、昔からの説だったんです。たしか六八年の五月革命以後、義務教育になっていまは多少英語を知っている人間が得意げに英語で話したりするし、フラングレーという崩れた言葉が最近話題になっているらしい。そういう意味では、思われている以上にフランスとイギリスはいろんな交流があるんでしょうね。

廣松　フランスとイギリスとの間はそうでしょうね。ところがイギリスとドイツとの間はそうもいかないらしいんですね。特に二十世紀になると、ドイツとフランスのほうがかえって密な交流があるといえるかもしれません。

【近代の主客図式】
主観とは、もともと様々な性質や状態を持ちながらも自身は変化しない基体を意味したが、近代には認識を構成する装置、あるいは「私」という意識の主体を意味するようになった。「我思う、ゆえに我あり」である。客観は認識の対象となるもの、「私」の意識の外部に存在し、主観がこれを認識し、観念、表象、像等を構成する。デカルトはこの世に存在する実体は、思考を本質とする精神と延長（広がり）を本質とする物質のみであり、両者は相互に独立しているとした。

哲学にとって、人間の死の重さとは

五木　哲学の場合には歴史的というと、いろんな学派とか思潮といったものが移り変っていく様を、進展というか、変化というか、どういえばいいのかな。歌の世界だとはやりですよね。

やはり哲学の世界にもはやりすたりというのがあるんでしょうか。

廣松　ある意味ではいちばん極端じゃないかと思います。たとえば第一次大戦までのドイツ、一応話の焦点をドイツに絞りますけれども、ドイツのアカデミズムにおいて哲学といったら、「生の哲学」やオーストリア生まれの「現象学」もありましたけれど、基本的には新カント派のオンパレードだったわけです。新カント派ないしは現象学派の認識論、これがいってみればドイツ・アカデミズムの哲学そのものという観がありました。

つまり第一次大戦の戦後期を境にして、認識論の時代が去って、彼らの言葉でいう存在論の時代、あるいは哲学的人間学という言い方をしていいかもしれませんが、そんな時代になった。これは流行が変ったとしか言いようがない。

五木　小説家の場合には流行作家という言葉をよく使いますよね。だけど哲学の場合には流行哲学者という言葉はあんまり使わないけれども、考えてみると、あの人は昔はあれでずいぶん流行したもんだなんていう人（笑）、現存の哲学者でもいますか。

廣松　そうですね。まあ、哲学はどのみちあまりはやらないということなんですが、それでもね、たとえばサルトルなんかの場合には、非常にはっきりといえるでしょうね。実存主義はある意味では、人間の生き方に正面から答えようとするものであることが一応は認められる。宗教とも絡みますしね。実存主義が人間のことを実存というかたちでとらえるときの含みはいろいろありますけれども、基本的にいって、エセンティア（本質）としての人間ではなくて、あくまでエクシステンティア（実存）として人間をとらえようとする。人間とは何々なりというような本質規定といいますか、本質存在としての人間ではなくて、この自分、かけがえのない現実存在としての自己、というものを真正面から問題にしようとする。

そのさい理論的にいろいろと問題にしますから、ストレートに生き方の指針になるとはいいませんけれど、少なくともそういう指針を出すための基礎条件として、生身の自分というものを考える。実存主義の場合、無神論者のサルトルを例外として、あとはみなキリスト教的な神をもう一方に立てて、神と自分との関わりを問題にするわけです。そのかぎりでは生き方の最後は神様によって規定される。とすれば、神の前で平等な人間、他の人間とも同じ本質規定を受けるエセンティアとしての人間でも差し支えないじゃないか、といわれるかもしれませんが、他人と同一視されるような同等・平等な人間ではなくて、実存ということを強調する点が普通のキリスト教哲学と違うところなんですね。

これは、いわゆる大衆社会化状況、平等主義的な状況への反発を背景にもっていると思うんです。オレは普通の連中とは違うんだという意識。ただし、その場合、オレは違うんだということの中味ですけれど、オレは生まれが違うんだとかオレは金持ちだとか、あるいはオレは特別知恵があるんだとか、そういう身分、財産、知識といった面での特権意識ではない。生きざまが違うんだというんですけれども、しかし一般の庶民というか、日常性に埋没しているような普通の人間に対してはいわばバカにして、ああはなりたくない、あの連中とは違うんだということですから、これはやっぱり一種のエリート意識には違いないわけです。強いていえば精神の貴族とでもいいますかね。

五木 ブルジョアジーの崩壊と共に大衆社会化した現実に対して、自分たちは違うんだというところを探してる部分があるんじゃないでしょうか。

廣松 そう思います。この点でもマルクス主義とは姿勢が根本的に違うと思うんです。

五木 哲学としてのマルクス主義は、さっきのお話では、まず神との断絶がきますね。それからもうひとつは、基本にある姿勢の問題が実存主義と反対の方向にあるような気がする。たとえば一人の人間の死とそれから百人、千人の人間の死というと、重い軽いというのはおかしいんですが、やはり百人、千人の人間の死のほうが重いんだという考え方はどっちに属するんでしょうか。

ぼくは量から質を考えるという立場ですから、いつも量を問題にするんですけれども、よくこういう言い方がありますね。一人の人間の死と、それから百万人の人間の死も、死という重さにおいては同じだという。しかし、そんなことはないというのがぼくの考え方なので、やはりマルクス主義では、一人より十人、十人より百人のほうが大切だという考え方が基本的にあるんじゃないかという気がしているんですけれども。

廣松　日本のマルクス主義者が心情のうえでそうだったこと、その点ではいわゆるヒューマニストであったことはたしかだと思います。しかし、レーニンなんかは百人の大衆と一人の党活動家とどっちかを助けるかというような場面では、質のほうを問題にしていますよね。軍隊の論理で考えれば、単純に一人の将校と百人の兵隊とはいえないんですが、単純な数には還元できない。革命運動というか、階級闘争の論理では、単純にヒューマニズムではいかない点があるのではないでしょうか。

五木　革命に寄与するかどうかの価値判断の問題になると。一方、そこでその価値判断を放棄する立場に立つというのが実存主義ですか。

廣松　実存主義者の連中は、ひとりひとりが同じように重いといいながらも、ギリギリのところではやっぱりオレの重みと他人の重みとは比べられないと言うのではないでしょうか。

五木　ぼくもそんな気がします。しかしマルクス主義の側でも、実践の面、たとえば革命を起していく過程での戦略的な方向と、思想自体がもってる基本の考え方との間の矛盾というのは、すごく大きなものがあるような気がします。

ヨーロッパ思想と「神」

五木　実存主義はマルクス主義に満足できない、あるいはそれに反発する思想として出てきたものなのでしょうか。

廣松　マルクス主義に対する反発というよりも、キェルケゴールの場合はヘーゲルに対する反発ですよね。ハイデッガーなんかの場合、ルカーチや三木清なんかが彼にマルクスを吹き込んだせいでもないでしょうけれど、ハイデッガー自身はマルクスについて、結構高く評価してるんです。ですから単純な反発とは言えない。実存主義の大物の哲学者たちをひとりずつ問題にしていけば、必ずしもマルクス主義に対する反発とはいえないと思うんです。しかし、ヨーロッパのインテリ青年が実存主義のほうを選びとったときにはマルクス主義に対するアンチテーゼといいますか、そういう含みが多分にあった。ないしは非常に強かったと思います。

五木　そんな気がしますね。ぼくらの大学のクラスの中でも、たとえば同人雑誌なんかで、やはり社会主義リアリズム派と実存主義小説派とかたちのうえで対立してましたもの。だけどいままでうかがってると、つまり現代哲学以前、現代哲学に踏み込んでもそうなんですが、そこまではほとんど哲学の世界では、アジア・アフリカのそれは出てこないですね。

廣松　唯一、日本の京都学派の人たちがあの人たちに中国思想の伝統がどういうかたちで入っているのかは微妙ですけれども、少なくとも仏教との接点ということを、半分意識的、半分無意識的にやったと思うんですけどね。近代というか、資本主義というか、あるいは高度産業社会というか、そういう世界では、いわゆるアジア・アフリカの思想が有力なものとして登場する余地がなかったと思うんです。もちろん、思想的に停滞しっぱなしではなかったはずですし、それぞれの土着の場所では結構みるべき思潮があったんじゃないか。でも、世界の思想界の最先端といった次元でみるときにはどうでしょうね。必ずしも、私どもが無知なだけとか、近代ヨーロッパ思想にかぶれているからだとか、そういうことではなさそうなんです。

五木　やはり先進国の思想やイデオロギーだったわけですか、現代哲学の達成というものは。

廣松　別にヨーロッパ中心の史観を取るつもりは毛頭ありませんが、普通に思想史というようなことで整理する場合、近世以後、二十世紀の前半までの哲学ということになったら、どうしてもヨーロッパの思想が中心にならざるをえないでしょうね。

五木　なるほど。たしかに発展途上国は先進国の思想をその国なりに消化しながらというか、毛沢東にしてもロシアに学び日本に学びヨーロッパに学びという具合にやってきて、独自なものを構築していくわけですからね。

廣松　ひょっとしたら、たとえばメキシコあたりになんかでっかい思想があって、ぼくらがたまたま知らないだけでということも考えられますけれどね。

五木　あそこは、とにかく人民戦線を外交的には最後まで認めた国ですから。それから、やはり現代までの哲学を考えるうえでとても大きなバネになっているものは、やはりキリスト教なんですね。神の有無が根本的に大きい。

廣松　大きいと思いますね。実存主義なんていったって、サルトルを除けばみんな神を立ててるんですものね。ヤスパースなんて非常にはっきりしている。カトリックの人もいれば、プロテスタントの人もいる。フランスのマルセルなんて初めからカトリックだったのではなく、彼の実存主義的な哲学がある程度固まってきて、そこで入信する。

これは実存主義者ではありませんけれど、ついでに言っておきますとマックス・シェーラーなんていう人も、思想形成を遂げたところでカトリックになるんです。それから、新カント派の哲学というのは、認識論が中心ですからあまり神様は問題にならないんですけれど、しかし、彼らの認識論的主観主義の構図にしても、あるいは彼らが歴史哲学や文化哲学、ことに倫理の問題を説く場面なんかでは、一枚めくってみるとなんのことはない、結局は神様が哲学的に抽象化されたかたちで控えているわけです。十九世紀末から二十世紀にかけての哲学といえども、ヨーロッパではなんといっても神様の影が濃い。

ただしね、私の言い方では、全部が全部キリスト教神学のヴァリエーションみたいに聞こえるかもしれませんけれども、それはわれわれ東洋からみての話なんでしてね。本人たちにしたらキリスト教神学から脱却しているつもりの者も少なくないし、正統派のクリスチャンからみればとんでもない異端的な考え方ということになると思うんです。この点は押えておきませんと、現代ヨーロッパ哲学というものについてあまりにも大鉈をふるうことになってしまう。

そういう但書をつけたうえでもサルトルの無神論というのは、ヨーロッパの世界ではやはり注目に値するかもしれません。彼はハイデッガーをも自分と同様な無神論的実存主義者だと考えましたけれど、これはハイデッガー自身によって否定されてしまった。正統派からみればハイデッガーも無神論者とみなされるでしょうけど、ハイデッガー本人にしてみれば彼のいう「存在」とは結局神の別名でしてね。もっとも人格神かどうかは見方の分かれるところですが、ハイデッガー自身が戦後になって語っているところからすると、その点でさえ微妙になる始末です。こういう文脈で考えるとき、ハイデッガーにも強い影響を与えており、実存主義との関係でいろいろと問題になるニーチェを連想されると思うんです。

ニーチェは「神は死んだ」と言うわけですが、しかし、「超人」の思想を打ち出す。あの超人はあくまで人間であって、神様じゃないんですが、やっぱりキリスト教があって、それに対する反発というか、そういう枠の中ではじめて出てくる思想なんです。キリスト教というものが十九世紀においてさえ、ヨーロッパの思想界でいかに強い磁場を形成しているかということをあらためて感じさせますよね。その点、ヒッピーとか、ヒッピーという形態は取らないまでも、フランスの五月革命だとか、あるいは同時期のアメリカの一連の運動にコミットしたような連中が、へんに仏教づいていると言われますでしょう。キリスト教というよりキリスト教をその一環として含むヨーロッパの伝統から切れようと努力している。

【ハイデッガー（一八八九〜一九七六年）】
ドイツの実存主義哲学者。ハイデッガーは現象学をとりいれ、存在とは何かを探求するために、まず人間の実存を分析した。人間にとって自己の存在こそ重要であるから、現存在が存在をどのように理解しているかを明らかにすることで、存在への問いを開始する。人間とは「死への存在」であり、不安の中で迫りくる死の可能性に向き合うとき、固有で、全体的な、他者ととりかえ不可能な、一回限りの自己の実存を、はじめてつかむのである。

キリスト教はローカルな神である

五木　現代哲学の中で、第三世界を視野の中に入れて考えていくということになると、キリスト教以外の神、それも原始神や土俗神、あるいは神とは呼べないまでも民間信仰のなかであがめられているものを当然考えなければいけなくなる。ぼくはこの間、たまたまフランスの映画館で、スペイン人の戯曲家アラバールの『ゲルニカの一本の樹』という映画を観たんです。その映画でキリストのペニスを冒瀆するようなことをフリークがやり出す場面になったら、突然

五、六人のフランス人のお客さんが床を蹴るようにして席を立って、大声でののしりながら出て行ったんで、びっくりした。やはりすごい、神は死んだとか死なないとかということは理屈ではない、と実感した。日本だったら金払ったものを途中で出て行ったりはしないし（笑）、作品で天皇を侮辱しても、一般の人たちはそういうことはまずないでしょう。

廣松　近代だ、現代だといってるけれども、われわれ東洋人にでかいことを言わせてもらえば、ヨーロッパのああいう文化なんてものは、地球全体から見ても人類史ということから見ても、本当にローカルな現象ですよ。

五木　ええ。そのローカルな現象が、要するに経済的・軍事的なリーダーシップを握ってることによって、結局世界に君臨してくることになる。哲学の世界もひっくるめて。だからさっきメキシコやほかの国もひょっとしたらとおっしゃったんですが、それは紹介されたり、あるいは体系づけられてないだけで現実にはあるとぼくは思うんですよ。ブラジルなんかでは、土俗の神像に、強制されたキリスト教の衣だけをかぶせておく。そして私らはちゃんとお祈りもしてますし、教会へも行ってますよといいながら、内実ではカンドンブレのように土俗の神を信じていたようなことがあるわけでしょう。そうするとやはりこれから先は、キリスト教世界の人口、それから地域的な広がり、あるいは文化というふうなものがどうなるかですね。

たとえば音楽の世界では、もう完全にラテンアメリカ、キューバやハイチというところに世界が征覇されてしまっているわけですよね。ビートルズなどにしてもヨーロッパの古典音楽の様式が見られるとかなんとか言われたりもしますが、実際にはかなり違ったものになってきています。なぜかというと、音楽の場合は国境がないから、感染度もはやい。つまり翻訳なんかしたりする必要はない。だから音楽の世界では、いわゆるデベロッピング・カントリーのリズムに支配されやすいわけですね。そういう意味でいくと、現代哲学は、時間はかかってもいずれはこれまでのように、ヨーロッパ中心の哲学とは異なったものにならざるをえないようなところへさしかかってるんじゃないだろうか、と考えるわけです。

廣松 そうだと思いますね。そちらに話をもっていく前にキリスト教についてもう少し言葉をたしておきます。世間でキリスト教って言うときは、紀元前後に生まれたナザレのイエスと、その周辺の連中の思想が、ずっと世界に広がってというふうに考えがちですけれど、どうなんでしょう。プロテスタンティズムにしても、自分たちではもとのキリスト教を正統に継承しているつもりでも、決して原始キリスト教をそのまま復活させたものではない。ローマ・カトリックというのが、ローマ帝国の社会的、政治的体制に見合うかたちに形成され直されたキリスト教であったのと同様、プロテスタンティズムや反宗教改革運動で再形成された近代のカトリックというものは、極端にいうと近代社会に見合うひとつのイデオロギー形態なんであって、原始キリスト教とあまり関係ないんじゃないか。もちろん、ユダヤ教以来のいろいろな宗教的観念を継承してはいるけれども、世界観の変化が起っていると思うんです。いまラテンアメリカあたりで表向きはキリスト教的な衣をかぶせているにせよ、中味は一種の土着宗教だというお話がありましたけれど、ヨーロッパの中世では一体どうだったんでしょうね。本人たちはあんまり自覚しなかったにしても、農村なんかに行ったら、ゲルマンの土着宗教が実際の中味になっていて、事実上そんなもんだったんじゃないかと思うんですよ。時代や地域の差を考えないといけませんけれども。それから黒魔術だなんだっていうのがずっとありますでしょう。秘密結社みたいにしてやってますから、表にはあんまり出てこないにしても。日本の天草あたりのキリスト教というのは、宗教社会学的にみれば、向こうのキリスト教とおよそ違う。それと似たようなことが、ヨーロッパの中世にあったんじゃないか。坊さんのもっている教義の体系と宗徒の信仰内容は違う（笑）。学僧の宗教と田舎坊主や民衆の信仰とは似て非なるものだったんではないか。これは物差しの当てよう次第ですけれど、ぼくらのイメージでいうキリスト教らしいキリスト教がヨーロッパに定着したのはいつかというと、魔女狩りをやったあの時代からだとさえ言えるのじゃないでしょうかね。

魔女狩りをやったのはいつかというと、言われてみるとみんななるほどと頷くんですが、ガリレオなんかが出た時代の前後、哲学の世界でいうとデカルト、自然科学の世界でいうとニュートンあたりまでの時代、それがまさに魔女裁判の時代ですよね。普通考えると、魔女裁判なんていうのは暗黒の中世のことみたいに思うけど、中世にはあんな大量現象としてひどいことはやってないわけですね。あんなことをやったのはとにかく近代になって、経済史的にはどこから線を引くか難しいけれど、一応資本主義が確立し始めた時代、はっきり言って中世から切れたという時代になってからなんですね。

五木　魔女裁判というのは、一種のマッカーシズムみたいなもんでしょう。それが中世ではなく近代になってからだというのは、たいへん興味のあるところです。

廣松　そうですね。日本でも「おかげまいり」とか、いろいろ大衆的な動きってあったわけでしょう。革命運動とか、学生叛乱といわれる運動だってそうだけど、現象的には一見突然のように大衆的なエネルギーがワーッと噴き出す。魔女裁判のときには、偉い坊主なんていう連中はどっちかというと抑えるほうに回るわけですよね。スペインというか、イベリア半島の場合は、またちょっと別でしょうけどイギリスではイギリス国教会の独自性というよりも、資本主義の確立がはやくて、しかも安定化がはやかったために、魔女裁判というのは実際はわりと少なかったらしいですね。少なくとも片っ端しから火あぶりにするなんてことはやってないようです。ところが遅れたフランスやドイツではああいうことが起る。それからスペインの場合にはムーア人との対立という別の要因が絡みますけれども。ナショナリズムというのは近代の特徴でもあるわけで……。ぼくらが俗にキリスト教といってわかったつもりになってるそのキリスト教というのは、むしろ近代化されたキリスト教であって、原始キリスト教でないことはもちろんのこと、中世的なキリスト教でもない。

キリスト教文化というと、ヘブライズムというオリエントの宗教とギリシアの哲学とを結合したそれなりにユニバーサルなもののように思われるけれども、現実に存在する文化はもっと限定されたものにすぎない。そういう意味でのローカルなキリスト教文化が、近代ヨーロッパの思想界を支配している。サイエンスがあるじゃないかといいますけど、このサイエンスというのは、たとえばケプラーならケプラーをとってみても、あるいはニュートンをとってみても、彼らの場合、一種独特のキリスト教信仰、キリスト教的世界観との関係を抜きにしては、あの自然科学体系というのは絶対ありえなかった。日本では、特にキリスト教と近代科学とは相容れないという点が強調されますけれど、これにはもっと屈折を置いて考える必要がある。聖書の個々の命題の次元とキリスト教的自然観の大枠とは区別しなきゃならないわけで、教条主義者の目からみれば異端でも、大枠としてはキリスト教の枠組にはまっているというより、それを前提にしてはじめて近代初期の自然科学が成立しうるという構造がみられる。ガリレオ裁判の真相なども近年でははっきりしてきている。ひと昔前の宗教と科学との対立といった単純な図式の非が明らかになっております。あのときのカトリックは、ガリレオにそんな厳しい態度を実はとってないんですね。ああいうものに対して厳しいのは、どっちかというとプロテスタントなんでしてね、あれがもしプロテスタントのところだったら、危なかったですよ。火あぶりになったんじゃないですかね。

それからニュートンは錬金術を信じていて、一所懸命やったんです。彼は理神論者ですから教条主義的なクリスチャンじゃないですけれども、聖書研究も熱心にやっているし、錬金術を一所懸命やっている。日本でいうと、造幣局の長官にあたる職務を自分からかって出て、いわば国家的な事業として錬金術で金をつくろうと長年努力したんです。ヨーロッパ近代というとき、錬金術とかキリスト教信仰とか、あれは中世の妄想でといった具合に考えがちだけども、実をいうとああいうものがベースになっていわゆる近代自然科学がはじめて成立したわけです。錬金術は実験装置の開発とか、実証的知識の蓄積とか、そういう文脈で近代科学と関係しますが、もっと根本のところで、自然科学の姿勢みたいなところでいえば、キリスト教の介在が大きい。神の創造と支配ということを前提にするところから、神様がつくり給うたこの自然界の秩序というものを、なんとかして読み取ろうという努力が出てくる。もしそれがなければ、法則が支配しているという観念も生まれないし、それを突きとめようなんていう考えも出てこないわけですね。

歴史だってそうですよ。歴史学の成立というのは非常に遅くて、普通には近代的歴史学の祖はランケだといいますでしょう。ランケはヘーゲルよりちょっとあとなんですね。ランケは歴史を実証的に研究しようという姿勢を打ち出すわけですけれど、なんで史実を忠実に復元しょうと努力するのかというと、神様がこの世界をつくり給うて支配しておられるその神の掟とでもいいますか、それを突きとめなくてはいけない。それを突きとめるためには勝手な想像を混えて歴史をでっち上げては駄目なんで、まさに実証的にやらなきゃならないというわけです。そういう了解がなければ、歴史というのはもうちょっとお説教めいたものになるのが普通の傾向ですから、ああいう実証主義史学なんてものは出てこなかったと思いますね。自然科学の実証主義的な姿勢だって、最初のころはこれと同じような了解から出ているわけです。

五木　そこでもキリスト教に負うところが多いわけですね。こうなると、逆にますますキリスト教とはローカルな宗教だという感じが強まってくるなあ。そうするとたとえば実存主義の置かれている立場というのは、どうなるんでしょう。

廣松　実存主義というのは哲学のかたちを取った一種の神学だということを一言いっておかねばならないでしょうね。中世の哲学が一種の神学だったのと同じで、二十世紀らしい一種の神学になっている。神といっても、もはや古代や中世のユダヤ・キリスト教式の人格神じゃなくて、ハイデッガーの「存在」とか、ヤスパースの「包越者」とか、いよいよつかみどころがなくなっていますけれど、所詮はキリスト教神学の新しい形態だということになる。その点ではヘーゲル哲学なんかと同断なわけです。現代哲学といってもマルクス主義みたいな本当の無神論が一方にあるけれども、他方は、近代化されたキリスト教の枠の中でのひとつのフラクションにすぎないようなものもある。あるいはまた分析哲学などと称して、近代イデオロギーの一典型である自然諸科学の奴婢みたいなものもある。これが現状なんですね。

哲学概論式に言うと、分析哲学であろうと実存主義であろうと、今日勢力をもっている哲学という点では、現代哲学ということで一応くくらざるをえない。しかし、将来、十九世紀、二十世紀の思想史というものを整理する段になった場面を考えますと、実存主義や分析哲学が、近代哲学に続く「現代哲学」ということで特段に評価されるか、それとも、新カント派などと一緒に近代哲学の「後産」として軽く扱われるか、これは予想の分かれるところだと思います。要は、こんなものを「現代哲学」として現在的に認めるかどうかなんですけどね。私としては、あんなものは「後産」にすぎないと言いたいわけです。

キリスト教との関係とか無神論かどうかという一点だけを物差しにするつもりはありませんけれども、キリスト教に対する態度という点では、すでにヘーゲルにおいて微妙なんですよ。ヘーゲル左派みたいなものが登場してくる必然性をヘーゲル哲学そのものが孕んでいた。

五木　おそらく神学とか宗教にもさっき言ったようにはやりがあって、そのときどきでリーダーシップを取るような宗教がある。たとえばヘーゲルにしても、自分で考える神というものに対する信仰は変らないが、それ以前の、いわば古ぼけた神はもう死んだというふうに考えたと言っていいんでしょうか。

廣松　ヘーゲル本人としては、父なる神の時代、子なる神の時代、それにつづく聖霊なる神の時代という具合に歴史が展開すると考えているわけでして、彼の考えでは、自分は聖霊なる神の時代の予言者のつもりだったのではないかと想像されるんです。

五木　ぼくらは最初から同じように神がずっと君臨してたような気がするんだけども、様々な形態で、しかも様々な変遷を繰り返しながら神が生き続けてきているわけですか。

廣松　そうなんですね。

「神」と「存在」と「人間」

五木　新しい神を探すということは出てこないでしょうか。一種の反発としてでも、あるいはそうでない積極的な姿勢としてでも、当然あってしかるべきだという気がするんですが。

廣松　そういう動きが当然あると思いますし、キリスト教神学の内部でも革新的な傾向がこれはいまに始まったことではなく、やはり第一次大戦後からいろいろと出てきております。この十余年はいよいよ強まるというかたちでみられますけれども、思想界での流行の先端では、たとえば実存主義以後を云々された構造主義なんかでも神様は出てこないでしょう。さすがにヨーロッパの思想界でもいよいよ神は死につつあるように見受けられます。

五木　なるほど。それは近代哲学と現代哲学とを分かつうえで、大きな現象じゃないでしょうか。そこで気になるのは、現代において神に代るものは何か、ということですね。それは「人間」なのか。しかし「人間」をそこまで信頼というか、認めているのかどうか、ちょっとわからないという気がする。

廣松　彼らは「人間」も殺したんですね。十八世紀の啓蒙主義では理神論までいった。ハイデッガーあたりでは神は単なる「存在」ということになった。人格神に代って人格と呼べるものは「人間」だけになった。その人格としての「人間」がいまや「死んだ」と宣告される。ミシェル・フーコーからジャック・デリダにかけて、もはやそういう局面までできてしまったわけです。近代では「人間」が「神」の座を奪ったとはいうけれど、ヘーゲル左派なんかが言ったように、その「人間」は見方によっては神の別名ともいえる。しかるに、いまやその「人間」が死を宣告される。ヘーゲル左派のマックス・シュティルナーがマルクスに一歩先がけてやったことのむし返しといえばそうであるにすぎませんけれど……。

五木　それは、哲学の後ろに影のように存在していた神という概念が、さっきおっしゃったように、実は全世界というふうなグローバルな視点から見るとローカルな神にすぎないということに気づいたからではありませんか。

廣松　第三者的にみれば、そう言える面があるでしょうね。

第二章　同時代の哲学

ヨーロッパ内部の相互関係

五木　ヨーロッパと第三世界の文化の相互関係による変化といいますか、そういうもののひとつ手前の段階として、ヨーロッパ内部での相互関係についてここでうかがっておきたいと思うんです。というのは、たとえばピカソが一九〇七年に『アビニヨンの娘たち』という、それまでの古典的な正確なデッサン、あるいは「青の時代」のような叙情的な作品とはガラッと違う絵を描くわけです。ピカソにしてみれば自分の絵の世界の進展を求めて自然にやったことでしょうが、彼のやったことは、当時のキュービズムという美学の問題だけではなくて、不思議にその当時の哲学と科学、言語学の動向と符合しているような感じがあるんですね。ぼくは批評家の評価とちがって、アタマで描いたピカソの絵はつまらないんです。また、実存主義華やかなりしころ、実存主義を勉強した作家が、しきりに実存的な小説を書いたなんてこともあります。あるいは現象学の進展が話題になっていると思うと、そういう傾向をもっているような小説が出てきたりする。その可否は作品の出来しだいですけど。このあたりで、実存主義や現象学がどこの国から生まれ、互いの接点をもったかというようなことをうかがいたいんですが。

廣松　実存主義と現象学というのは、フランスでもドイツでも途中から多分に重なってしまいましたので、どこまでが現象学的でどこからが実存主義的か、わからない点があるんですね。フッサールはオーストリアですから、現象学は厳密にいうとウィーン生まれということになりますけれど、ドイツ文化圏ということでいえば、本家は一応ドイツと言ってもいいと思います。

ぼくはフランスという国やフランス文化というものをバカにするつもりはありませんが、第一次大戦後、そして特に第二次大戦後、フランスの思想界は、へんな言い方ですけどもドイツに屈服したと言える面がある。それまでは、ゲルマン何するものぞってわけで、フランスこそが文化の中心だと考えていたと思うんです。哲学の世界で言いますと、なんといってもデカルトやパスカルを生んだ国であり、当時では、ベルグソンをおいて哲学はないみたいな、そういう鼻息だったのではないか。

ところが第一次大戦でやられ、第二次大戦でもいったんは負ける。単に戦争のせいではなく、フランス内部での社会情勢の変化があってのことですけれども、第一次大戦後になると、あのヘーゲル嫌いのフランスにヘーゲルがある程度入ってくる。それからマルクス主義が一部の左翼的労働者の間だけでなく、インテリの世界にも入ってくる。そのほか、マックス・ウェーバー、フロイト、それに現象学のフッサールがハイデッガーと込みのかたちで入ってくる。そこはさすがに文化的伝統のあるフランスですから、それをただ記述するのではなくて、自分なりにこなしてしまいますが、こういう方面でははっきりと輸入国の側にまわったことは否めない。露骨にいえば、ドイツの焼き直し。

五木　それこそフランスの特徴ではないでしょうか。たとえばエコール・ド・パリとか言うけども、フランスは自国で才能をつくり出していくというよりは、外国から入ってきた人たちをうまく育てる才能において世界一の国だと思うんですよ。たとえば絵描きにしても、それこそミロやピカソはスペイン人、カンディンスキーやシャガールはロシア人だし、そのほかの画家たちもほとんど外国人でしょう。

それから、デザイナーもそうだ。モードの本場みたいに言われますけど、ピエール・カルダンやエマヌエル・ウンガロなんていう人たちは大体がイタリア系だし、バレンシアガなんてスペイン人もいます。シャネルの香水なんてものすごく有名だけども、あれはロマノフ王朝の革命後に亡命してきた白系ロシア人が調製したものらしい。また、フランス料理そのものが、フランスの王様のところにお輿入れしてきたイタリアの王女がフランスにはろくな料理がないからというんで、調理師たちをぞろぞろ連れてきた。それがフランス料理のはじめらしいです。ですから考えてみると、創造力よりも、むしろ受容力のすぐれた国だという印象がありますね。

廣松　しかし、こと哲学に関するかぎり、リセでの哲学教育の比重が高いというようなこともありますし、なんといってもデカルトの祖国でしょう。十七世紀の大哲学者群像に続いて、十八世紀には豪華キャストの啓蒙主義者たちがずらりと並ぶ。

五木　たしかにサルトルはスターだった。哲学の領域からはずれた部分でも、ジュリエット・グレコの歌の作詞をしたというんで、ぼくらは昔たいへんな思い入れをしたもんです。あるいはサンジェルマン・デ・プレのどの喫茶店が実存主義者の溜り場だというふうなことを学生のころ言い合ったりしていた。結局、サルトルの哲学とは別に、サルトル自身がひとつの時代のシンボルであり流行児であったということはありましたね。たとえば、ドストエフスキーもたいへんな流行作家だったわけですね。それで彼が講演会を終えて表口に出ると客が群がってしょうがないから楽屋口から出るという位に。それでも女の子が寄ってたかってスミレの花束を投げたりしたというんですが、ヘーゲルなんかもそれくらいの社会的な名士だったんですか。

廣松　いえ、それはなかったと思います。カントはケーニヒスベルク大学の教授だといいますけれども、ケーニヒスベルク大学というのは、あの当時学生が何人ぐらいいたんですかね。日本でいうと寺子屋に毛の生えた程度の規模だったでしょうしね。

五木　ぼくなんかはドイツの東大みたいなところの、しかも学部長クラスになるのかなと思っていたんですが（笑）。

廣松　ケーニヒスベルクといえば、当時のドイツでは大都会ですし、そこで一応大学と名のつくところですから、寺子屋といっちゃなんですけれども、なんといっても後進国ドイツのことですから。

哲学の体系化

五木　ヘーゲルの時代のドイツが、なんとなくおぼろげながらわかってきました。ところで、話は再びとびますが、ヨーロッパ人にとって二十世紀に入って遭遇した第一次大戦とロシア革命というのは、ぼくらがたとえばアウシュヴィッツで自分たちの認識がひっくり返るようなショックを受けたのと同じぐらいの大きな体験だったんでしょうね。

廣松　おそらくドイツ人にとっては特にそうだったと思いますね。ヨーロッパ中心主義なんていうけれども、彼らはドイツ中心主義でしょう。そのドイツが敗れるとなると、これでもうヨーロッパもおしまいだ(笑)という具合に感じたでしょうね。シュペングラーの『西洋の没落』は戦争中に書き上げられていたといわれていますけれど、人目に触れるようになったのは戦後でしょう。しかもあれがベストセラーになる。第一次世界大戦とロシア革命は、ドイツ精神史にとって大きな経験だったでしょうね。そういうこともありまして、社会思想史的に分析すると、哲学の世界でもそれまで流行していた認識論全盛の時代から一転して実存主義なんかがはやるというようにその時点で流行が変るのも理解できますね。

五木　こういうことはありませんか。たとえば哲学者の生きている時代とか社会が、坂の上の雲を目指してグイグイッと昇っているとき、大きな戦争とか変動でいっぺんにひっくり返ってしまう、そういう時代相そのものが哲学に大きな影響を与えるというようなことは。

廣松　一般論としてどうなんでしょう。特に哲学の場合、体系的に整備される時代になったときには、もう一時代の終りだと思うんです。たとえばアリストテレスみたいな体系的な総括ができるときにはもうアテネ文化というか、ギリシア文化の没落期ですよね。

五木　考えてみるとそうなんですね。文学の世界でも、文学全集が出るときにはその文学の時代は終ってる。「全集」なんて銘打たれて出るときはもう一巻の終りだ（笑）。

廣松　哲学の世界では、本人が体系化しなければ駄目ですね。別人がやったのではもう別の体系になってしまう。遺稿を整理して集大成するというような意味でならまた別ですけれど……。アリストテレスにせよヘーゲルにせよ講義録を本らしいかたちにまとめたのは弟子ですけれども、内容的には決して弟子が体系に仕上げたのではない。

五木　それではいわゆる年譜や講義録の類いをきちんと整理するのは別の人だとしても、体系そのものは本人が生きてる時期に完成されたものなんでしょう？　その体系の大きさでいえば、ヘーゲルはべらぼうに大きかったわけだ。

廣松　それは大きいですね。それでもやはりあれでおしまい（笑）。弟子たちが、不十分なところや欠けているところを補って、より完璧な体系に磨き上げるというようなことはありえないんですね。全集の編み方の改善しかないわけです。その点、自然科学というのはある意味で積み上げがきく。だから自然科学における体系化というか集大成は、教科書を書くような人の仕事になる。それでもニュートンよりは体系家ですよね。

五木　なるほど。哲学の場合、いわば世界を新しく構築するわけだから、ある意味でいうと芸術家みたいな素質が必要となる。

哲学は何にでも口をはさむ

五木　ところで現代哲学というのは、いわば通時的な分け方によるものだろうと思うんです。すると、共時的にといいますか、哲学の中では自然科学のような分かれ方はないんですか。

廣松　部門分けみたいなことを一応はしますけれど、自然諸科学なんかのように画然とはいきませんね。

五木　哲学という学問そのものを、対象領域としてどこまでが哲学かというようなことを研究した哲学者というのはいるんですか。

廣松　一応はいますね。というよりも、むしろ哲学屋の場合、概論の本であろうと講義であろうと、哲学とはなんぞやというところから始めようとするのが普通だといっていいかもしれません。私はそれはむなしい議論にしかならないと思うので、教室でもそういう枕はふらないことにしてますけれど、個別科学では、概論であろうと通史であろうと、当の学とはなんぞやとはいわないでしょう。

五木　そうなると、天文学とはなんぞやというのと、哲学とはなんぞやというのは、結局は同じ議論かもしれないという感じも、しないではない。すると、対象をたとえばここで限定しようということもないわけですか。

廣松　対象領域でいうかぎりは、全然限定はないという言い方が普通のようです。自然科学や社会科学がやってることにも、あるいは芸術がやってることにも全部口ばしを入れてさしつかえない。ひと昔前の概論式の言い方をしますと、諸科学は取り扱う対象領域がそれぞれ固有だから、対象の側から学を定義できる。ところが哲学は特定の対象領域をもたない。それじゃ、どこで哲学は諸学と区別されるのか、という問に対して「取り扱う方法が違うんだ」という回答がなされる。これはいかにも哲学概論式の答え方です。

それからもうひとつは、諸科学は人文科学であれ自然科学であれ、対象がいかにして成り立っているのかHowということは問うけれどもWhatということは基本的に問わない。それに対して哲学は、同じ対象についてでも「とはなんぞや」ということを問う。そういう言い方がよくされますよね。こういう答え方にどこまで有効性があるか私はいささか懐疑的なんですけれども。

五木　誰でもそうなんでしょうが、若いときに哲学の啓蒙書を読む時期がありますよね。で、その種の本でいちばん最初に出てくるのは、哲学とはなんぞやという短い説明で、それがまたいちばんよくわからない（笑）。

それでそこがわからないままに通過して先へいく。というのは、そんな議論をいくらしてもきりがないですから。あれは非常にわかりにくいというか、教えられているようだけど、なんとなくだまされたような気がして、読者のほうとしては、うまく言いくるめられた感じがする。

廣松　言葉としていうと、サイエンスのもとになったスキエンティアというのは、知識体系というか総合的な知識の意味ですよね。中世でスキエンティアといえば、中味としては神学であったにしても……、言葉そのものの意味としては。それからドイツ語でサイエンスにあたるヴィッセンシャフトというのは、ヴィッセンが知識で、シャフトが総合を表わしているわけで、まさに総合知なんですね。サイエンスとかヴィッセンシャフトとか、つまり日本語で科学と訳しているものには、もともとは総合学の含みがあり、そこでは哲学との区別はなかった。現に、ヘーゲルや一時期のマルクスあたりはヴィッセンシャフトという言葉で、内容的には哲学的体系を考えていたほどです。ところが科学とは実にうまく訳したと思うんですが、スキエンティアが分科の学、科に分かれている学になってしまった。ドイツ語式にいうとファッハ・ヴィッセンシャフトといいますかね、ファッハ、つまり科に分かれて、それぞれの個別的なことをやるようになったと。それに対して哲学は総合的なんだと言われる。だけど百科辞典みたいに全部寄せ集めたら哲学になるのかといえば、そうじゃない。私は哲学というのは、総合的かどうかというところに特質があるとは必ずしも思わないんです。先ほども言いましたように総合ができるようになるのは、一時代の没落期なんでしてね。

では、その途中の時期には哲学は一体何をやっているのかというと、パラダイムという言葉はあまり好きじゃありませんけれど、それぞれの時代のもっている基礎的な発想の枠組みたいなもの、まあ、日常的には大前提になってしまっているから問題にもしないような基本的な概念や土俵というか枠組。イデオロギー的な基礎といってもいいし、パラダイムといってもいいでしょうけれど、それを問題にする。そのかぎりでの常識批判なんですね。ただし、その場合常識というのは、誰もがもっている一般的知識というよりも、なんていうんでしょうか、自分は知識があると思っているような連中がもっている先入観。先入観だということさえ自覚してないような発想の枠組です。それを歴史的に相対化して、それに代るべきものを模索していく作業。ひとりひとりの哲学者が自覚しているかどうかは別として、哲学史的に画期的に大きな哲学として評価されたものを、あとから見てみると、大体そうなっているんじゃないでしょうか。

現代哲学というのは、マルクス主義を除いてはアカデミズムの学問だということを言いましたけれども、アカデミズム哲学といえども受け取り手の側ではそれなりの仕方で実践の指針として使うということがあるんですね。第二次大戦ではたとえば田辺元の哲学書を一冊もって戦地に赴く学生がかなりいたらしいですし、ドイツではハイデッガーの本をもって行った。実存主義というと、日本ではサルトルのイメージが強すぎるもんですから、結局は自分で決意しろって突き放されそうで戦地での救いにならないと思われがちですけれども……。いかに生くべきかというよりも、むしろいかに死ぬべきかということで、日本では田辺哲学が、ドイツではハイデッガーの哲学が指針になったという事情があったらしいんです。

五木 いかに生くべきかということは、裏返せばいかに死ぬべきかということですよね。納得して死にたいというか、自分の死が無駄ではないんだというふうに思いたいわけでしょう、人間というものは。

廣松 そういう面での有効性は、アカデミズム哲学にすらあったと思うんです。田辺さんたちは戦時中になるともっと積極的にそれを説きましたから、もはや単なるアカデミズム哲学という枠では語れませんけれども。それから立場は別ですが、マルクス主義のほうにもあった。

五木 たとえば、かつて内灘の射爆場で実弾射撃が始まるときに、着弾地点の砂浜に坐り込んだ自分が何をバネにしてそうできたかと考えると、いわゆる情動というか、雰囲気にカーッと乗ってしまうといったものにすぎなかったのかもしれない。砂川で学生が警官隊と対峙したときに、「赤とんぼ」の歌を学生が歌い、両者のコンセンサスを醸しだし激突を避けようとしたというセンチメンタルなお話がありましたね。どうもそれはうまいつくり話みたいな気もしないでもないんですが、もしそうだとしたらそういうものでは困るという気持ちがぼくにはあるわけなんです。

それとはまた別に、ご存じかどうかわかりませんけれども「なんとかかんとかに召されたる命栄えある朝ぼらけ　たたえて送る一億の　歓呼の声は天をつく　いざゆけつわもの日本男児」という歌があるんですが。

廣松　「わがおおきみに召されたる……」でしょう。

五木　そうそう。それを歌ってると「ヨーシ、いっちょういくか」という感じが一時的にするんですね。それと同時に、それは何も天皇に命令されて行くというだけでもなくなってくる。「たたえて送る一億の　歓呼の声は天をつく　いざゆけつわもの日本男児」なんて歌に案外インテリたちまでがころりとまいる。とすると、そういうものに抵抗するものとしての哲学をぼくはやっぱりほしいし、それが可能かどうかということです。

廣松　理屈ではなしに、音楽なんかでこられますとね。私みたいな音痴が言うのはおかしいんだけども、音楽というのは待ったなしですよね。これがいちばん恐ろしい。理屈で対抗できるものはまだしもなんとかなるんだけれど。音楽に対抗するのは音楽しかない。さしあたっては音楽には音楽をでいいけれども、プラスアルファの補助手段として、思想というか哲学があってもいいじゃないかと言われるかもしれませんが、そういう場面では、私はどうもペシミスティックで。

五木　そうですか。ぼくが感動した本に『死の国の音楽隊』、邦訳名『アウシュヴィッツの奇跡』という一冊があるんです。これはアウシュヴィッツに引っ張られたユダヤ人が音楽家であったためにガス室送りにならないで生き残るというドキュメントなんです。アウシュヴィッツにかぎらずあらゆる収容所において、ドイツ人は食物がないと生きていけないのと同じぐらい音楽というものを生理的に必要としていた。それは土曜、日曜に親衛隊が集まってモーツァルトに聴きほれるとかということじゃなくて、労働に行くときはマーチ、一日の仕事が終ったときは軽やかなタンゴ、それから偉い将官が閲兵にくるときには荘重な曲というふうに、とにかく音楽好きの連中ばかりだったというわけですね。そこで彼は楽士として、ガラス窓の外を灰色の影がぞくぞくガス室へ送られて行くという中で演奏を続けながら、生き残って本を一冊書くわけです。彼は希望を託して書いている。「あのドイツ人でさえも」音楽を愛する気持ちをもっていた。そのために自分は生きて帰ってこられたと。彼は音楽に対する信頼をまだもってるわけなんです。それに対して、フランスの有名な文学者が、その本の序文に彼と全然反対のことを書く。もしもそんなふうに音楽が、片手でガス室の栓をひねり、片手でバッハに涙するようなものであるとするならば、自分はもう音楽なんていうものは信用しないと。ぼくはそれを読んでそういう人間のあり方にすごく感慨をおぼえたのです。

廣松　その点は同感です。ナチスの将校とか免罪符なんてものを平気で売った聖職者とか以上に、ぼくらはスターリン主義官僚のことを考えますしね。人間というものについて啓蒙主義的な楽天観をとれないということでしょうか。人間は理性的動物であるとか、理屈でわかればそれにふさわしい行動をするはずだという思い込みがある。それから、本性上「善なる心」「美なる心」といいますか、芸術的な感性、人間的感性というものがあれば非人間的な行動はできないはずだという了解事項があると思うんです。これは近代では常識だとはいっても、やはり人間というものについての一種独特な見方のわけで、そういう人間観が問いかえされるべきじゃないでしょうか。皮相に言っても人間の意識は、イデオローギッシュに都合よくできているわけで、啓蒙主義者が考えるような具合にはできていない。

五木　それが結局戦争のたびに破産するわけですよね。

廣松　でも、ある意味ではやっぱり哲学上の最先端の問題だと思うんです。

五木　ぼくはなぜさっきからそういうことを問題にしているかというと、現代とはそういう矛盾がとっても露骨に現われてきていると思うからです。魔女裁判で何百人殺されるといっても、それは世界中に一瞬にとどかないわけですよ。だけどぼくらはいま東京大空襲のことも知っていれば、南京大虐殺の問題も知ってるし、いろんなことを知ってますよね。昔だったら知らない人は知らないですんだところが、いまは日々テレビとか新聞でありのままの世界の姿というか、荒涼たる世界の現実を突きつけられているわけです。こうなってくると現代人たちが感じる絶望感、あるいは恐怖というものの深さは中世とか近代よりもっと深いだろうし、そのニヒリズムももっと大きいものだろうと考えられる。とすれば、現代の哲学というものも、近代のそれを凌駕するようなテンションというものが要求される。

廣松　非常に大きな問題ですね。それが実存主義やマルクス主義の問題だったわけでしょうし、それに対するひとつの反動として構造主義みたいなものが出てきているわけで、それはいよいよ本論の話ですね。

五木　昔の小説、たとえばドストエフスキーの『悪霊』が一時期、内ゲバの問題と絡めて読まれたことがありますが、十九世紀の小説は二十世紀の小説に比べて、やはりインパクトは弱い。それは古典としての生命とか才能の大きさといえばドストエフスキーに勝るスケールをもった小説家というのはいません。しかし、はっきりいって現代のマイナーな作家であってすら、彼が直面し、彼が表現しようとしている問題の大きさという点では、トルストイやドストエフスキーよりはるかに大きい。

それはドストエフスキーが生きていた当時のロシア人にとってのクリミア戦争というものと、それからアメリカ人にとってのベトナム戦争の違いの大きさだと思うんです。そうするとやはり、アリストテレスとかプラトンとか哲学史の巨人たちが直面した以上の大きな現実にぼくらは直面してるわけだし、文学に発展なんてない、ただ繰り返すだけだといわれるけれども、やはりわれわれの生きている状況は非常に変ってきている。たとえば衛星中継で一瞬にしてヨーロッパ大陸で起っていることをぼくらは知るわけです。しかしながら、ぼくらは自分では現にいま世界で起っていることは知るわけです。それでなお哲学にかける期待が大きくなる。

廣松　そこで先ほど現代哲学ということで挙げた三つのものよりも、時間的にあとに構造主義というものがはやり、それから新哲学と称するものが出てきている。これをどう見るかが現代哲学を語るときのひとつのポイントになるでしょうね。

哲学は現実に即応すべきものだ

五木　純粋に論理的に説明していくことと、それからたとえ話をして納得させていくこととの間にギャップがあるというか。いわゆる通俗的な解説書とか啓蒙書とかでは、観光寺の坊さんなんかがよく仏教を教えるときにするようなたとえ話をしますよね。あれはものすごくインチキ臭くてぼくは好きじゃないんだけれども、でもたとえ話とか具体的な話をしづらいというのも、とても難しいところです。ぼくの仕事場の近くに、増上寺というお寺があって、そこの門の前に毎日一回大きな黒板に白墨でたとえ話が書いてあるんですよ。この間、前を通ったら、「鉄砲で撃たれた傷は治るけど、口で撃たれた傷は治らぬ」と書いてあった。これは要するに、人を傷つけるようなことは言っちゃいかんと諭しているんだと思うんですが、坊さんたちは、こういうかたちで大衆にわからせようとするでしょう。でも、難しいことをわからせようとする過程で抜け落ちていくものがやはりある。

廣松　しかし仏教といっても、お釈迦様の時代なんかはどうだったか知りませんけれど、あとの時代になりますと、言葉では表現できないということで、最後は沈黙ということになりますでしょう。大体、中国では偉い坊さんは勉強してるだけであまり大衆の中には入らなかったようですけど。

五木　悟ったら最後は市井に埋もれて生きるという思想はありますね。「入鄽垂手《にってんすいしゅ》」とかいう。現象学なら現象学の先達で、ゼミナールみたいなところで非常に少ない熱心な学生を相手に、あるいは書斎で原稿を相手に格闘しつつ学説を広めようとした人というのはいなかったわけですか。

廣松　いなかったといったほうが、あたっているでしょうね。教室での辻説法といえば別ですけど。

五木　教室はちょっと違うでしょう。そうではなく、ガルブレイスなんかがテレビに出てやっているのは、やはり自分の考えていることを広めようということですね。だとしたら、いまの時代に現象学のフッサールが生きてたら、テレビに出てガルブレイスのようにやってたでしょうか。

廣松　やったでしょうね。フッサールは、導師的な性格をもった人だったようでしてね。もちろん、宗教を説こうというわけではありませんし、彼の場合はまた、自分のつかんだ「真理」とやらを述べ伝えようというタイプでもないんですが。彼の〝教化〟というんでしょうか、わりとはやくから、現象学的倫理学とか現象学的言語学とか現象学的法学とか、いわば現象学を方法とした応用哲学みたいなものが出てきたという事情があるんです。

五木　そうですか。ぼくは絵画の世界でいうハイパーリアリズムなんていうものも、ある意味では現象学の通俗的応用だと思います。とにかく写真みたいな絵を描いてしまうわけでしょう。それから小説なんかでも、たとえばトルストイだったら、「アンナ・カレーニナはこういうふうに考えた」と書くところを、そういう分析的な小説の書き方を全部やめてしまって、ただもう一人称で、自分で感じたというか知覚したというか、目に映るそれをずっと叙述していくという手法とか、いろんなかたちで影響を与えたという意味で、やはり根源的なものではないかという気がぼくはしているんですけど。

つまり、ぼくは今日のどのような表現行為も、いまの哲学と決して無縁ではないと感ずるわけですね。そう考えると、最初におっしゃった、常識的に普通の人が考えることをもう一度疑って、その根源にあるものへの問いかけをする学問が哲学だという説明が、非常によくわかる。

廣松　いまの時代は、そういう常識、つまり近代文明のパラダイムというか発想法の枠組そのものが全面的に行きづまっているということが、ありとあらゆる分野であらわになってきているにもかかわらず、代るべきパラダイムが釈然とするところまではいっていないという過渡的な時代なんでしょうね。もう相当長い期間にわたっていますけれど。その行きづまりというのが、哲学という狭いところだけのことではなく、あらゆる分野での、共通の行きづまりのようですね。芸術の方面なんかでも同じようなサイクルで危機というか行きづまりがあらわになったのではないでしょうか。

近代哲学の確立期、近代科学の確立期、近代的なキリスト教の確立期。それは近代芸術の確立期とも並行だったはずで、たとえば絵のほうでの遠近法（パースペクティヴ）みたいなものがそこで出てくる。これはルネッサンス期と言ったほうがいいですけれども。

五木　その遠近法というものも、やはりひとつの秩序でしょう。そこに、あのピカソの『アビニヨンの娘たち』という作品が出てきた評価があるわけですね。よくいわれる話ですが、西欧五百年のリアリズムの伝統を一撃にしてピカソは打ち破ったと。

廣松　そのリアリズムというのはわれわれの主観から独立した客観的実在の世界というものがあって、それをわれわれがコピーするんだという了解と表裏一体だったはずですよね。そこでは、実在を正確にコピーするということが課題になる。そういう再現のために遠近法的な見え方の構造を押え、かたちにしろ色にしろ、実物と見まがうばかりに描き出すことが理想とされる。そこには近代初期の、客観世界を忠実に模写しようという科学の姿勢なんかとの並行現象があったと思うんです。ところが、そういう了解の姿勢を維持できないことがはっきりしてきた。哲学においても芸術においても、いくつかの過程が踏まれてのことですけれど。

五木　ピカソのなしえた意義というのは、絵画は自然の模写に尽きるのではないということを示したことだと言われます。想像こそがといいますか、「意識する意識」こそが本当の意識だということをその作品を通して身をもって示したという。それは、それまでの了解事項を完全に転倒させるものだったし、同時にたいへんアクチュアルなできごとだったわけでしょう。そういうことは現代の哲学の分野であるのかどうか。いわゆるアカデミズムというのは、そういうアクチュアリティを捨て去ろうとしているのではないかという感じが、ぼくにはあるんです。しかしそうあってほしくない、哲学を孤立させたくないというふうに強く感ずるわけなんです。

廣松　無理に哲学といわなくてもいいんですけど、実効性をもつ精神文化は、そのことを本人自身が意識しているにせよ、それほどは意識していないにせよ、現実と深く切り結んでいる。ところがいわゆるアカデミズムの教養では、現実に根ざしているそういう面を脱色しようとする。これはこれで、見方によっては一定の歴史的条件にかなったアクチュアルなイデオロギーに違いありませんけれど、そういうアカデミズムではもはやどうしようもないところまできてしまっている。

最初に言いましたとおり、イギリス経験論なんてものでも勃興期の資本主義のイデオロギーとしての実際性があったわけですよね、決して単に認識論なんて抽象的なことをやっていたわけじゃない。カントとドイツ観念論にしても、ものすごいイデオロギー的な現実即応性をもっていたわけです。ところが時代が変り、歴史的、社会的な条件が変ると、それがもともともっていたアクチュアリティが失われる。そして、そういう生々しい方面は特殊性ということで切り棄てられて、普遍的な真理とか称して、いわば形骸だけが残される恰好になる。アカデミズムでも特に哲学は、過去の学説のそういう形骸ばかりを暗記する傾向が強い。教師用の学問になってしまっているんですね。しかし、哲学とはそんなものじゃないはずなんで、現にいまこの場で、つまり歴史的・社会的な現実の場でものを考えていくということになれば、毒にも薬にもならん教養とか暗記学問とかではなくて、もっと毒を含んだものにならざるをえないはずだと思うんです。

五木 そこで、廣松さんご自身がお考えになったり書かれたりしているものが、現にいま、研究者とかは別に、そうでない人たちにも影響を与えているという自覚がおありですか。『生態史観と唯物史観』を読みながら、自分たちの行動と結びつけているような若者たちがいるとして、その存在をお感じになりますか。あるいは書いてるときに意識なさいますか。

廣松　どうもお恥しい。アクチュアリティのあるものといいますか、歴史的現実に即応性をもったものを書きたいとは思っているんですけれど、政治文書や社会評論の即応性とは次元が違いますしね。普通の物差しからいえば、どのみち実効性がないということになると思うんです。仮に時事的な政治文書を書いたとしても、それが自分の哲学畑での仕事とまったくの別建てではしようがないわけで、哲学の畑そのものでどれだけアクチュアリティのある仕事をできるかがいちばんのポイントだと思うのです。ところが、哲学なんてもともとアクチュアリティなんてないと思われている分野ですから（笑）、そこで理論的な現実性をもたせうるような仕事というのは、それこそたいへんな仕事なんで。

五木　そういう現実に根ざした哲学こそが、現代という錯綜をきわめた時代に求められているのも事実ですね。

廣松　まさにそうだと思います。自分の考えを表現していく行き方には、いろいろな方法があると思うんです。オレがオレがというような書き方もあるでしょうし、託宣めいた書き方もあるでしょう。しかし、東洋の世界では、昔から義疏注釈《ぎしょちゅうしゃく》というかたちをとって、先学とのつながりをつけながら、その中で実質的には自分の意見を表明するという行き方もありますよね。これはなにも東洋にかぎったことではないんで、中世までのヨーロッパにもあった手法でしょう。

五木　本居宣長が『古事記』を注釈し、小林秀雄が『本居宣長』を注釈し、それからしばらくすると『小林秀雄』という注釈本が出てくる。これも、その東洋的なものの現われなんでしょうか。

廣松　注釈的なかたちをとっても、大乗仏教とか朱子学とかトマスの神学とか、とても大きなスケールのものもあるわけですよね。しかし、ぼく自身としては、いろいろな表現様式があっていいとは思います。そして特定の先行思想の枠内にあると自覚する場面では純然たる義疏と継承的研究との区別が読者にはっきりするかたちになっているかぎり注釈的な手法のものもあっていいと思いますけれど、肝心のところは、体系的に自説を押し出すかたちが本当だと思いますし、たとえアフォリズムでも自前の展開のかたちが望ましいと考えるのです。が、そうなるとなかなか書けませんでね（笑）。

実存主義的な体験

廣松　私のほうからお尋ねしますが、実存主義といいますときに五木さんなどはどういうイメージでお考えになるでしょうか。

五木　実存主義というと、やはりぼくらの世代はレジスタンスの問題と切り離しては考えられないわけです。レジスタンスをやるんだが、それは勝てるとはかぎらない。勝った後には正規軍に武装解除されることはわかっている。そこで無意味な死というか、そういう死を迎えるとしても、もっと具体的に拷問されるとしても自分はどこまで耐えられるか。さっきのお話の戦地に田辺元の本を一冊もって行ったというそれではないんですが、そういう切迫した気持ちでサルトルの本なんかに触れた世代です。ちょうど五〇年代初期は、例の山村工作隊の動きがあって、切迫した時代でした。運動も命がけでというところがあった。早稲田の露文科のぼくの二年ぐらい上に榊利夫という人がいて、共産党の幹部になってますが、その人たちも長崎から船で中共へ行って、何年間か行方不明になって五、六年たってまた復学するというような時期だった。つまり、急に友だちがいなくなったりどこかへ行ってしまったりする。当時はやったロシア民謡の「夜霧のかなたに　別れをつげ　雄々しきますらを　出でてゆく」という歌がそのまま現実として歌われた時代でしょう。ちょっと一杯飲みたいからといって訪ねてきて、そいつと一緒にその歌を歌ったが最後、翌日は消息を絶っちゃうというようなことがしばしば身近にあったのです。

そんな時代だったから、やはり実存主義というのもマルクス主義と違った意味で、生か死かというきわどい選択をせまらせる重い思想という感じがぼくにはあったのです。

廣松　特に当時はこういうふうに言われたんじゃないでしょうか。マルクス主義では、かけがえのないこのオレというものについては、どうしてもとらえきれないと。マルクス主義は、人間とはかくかくのものであるとか、あるいは人間というかたちでは一般化しないまでも階級的に区分してプロレタリアとは云々というような本質規定はするけれども、この実存としてのオレという個人の具体的な在り方は規定できない。そういうマルクス主義には欠けている部分を実存主義が補うと。

五木　ええ。マルクス主義では、たとえば一所懸命やればなんとなく報われるようなところがあるんですよ。小林多喜二の死は無意味でなかったというように。ところが実際には一所懸命やった人間が粛清されて、自分は党に対して非常に忠実であったにもかかわらず裏切者の名で処分される。そのときそれに甘んじて、どうしてオレがこんな目に遭わなきゃいけないんだと憤死するのではなく、それをも引き受けて死んでいける部分が実存主義にあるというふうな気がしたわけです。マルクス主義だけだと、忠実な党員がそういうかたちで死んでいくのは納得できない。報われざる死は、マルクス主義だけではやはり救出されないと考えたわけです。

廣松　その後の時代になって、サルトル本人が『弁証法的理性批判』あたりで、実存主義というのはマルクス主義のそういう穴を埋めるものだと言うようになり、彼自身がぐっとマルクス主義に接近するようになったわけですけれども、五木さんや私なんかの世代の日本の学生は、そういうサルトルを先取りするようなかたちで読み込んだ。

五木　それは小説からきてるんです。ぼくらは実存主義を論理としてではなく小説から学んでいるから、ひとつの雰囲気、あるいは生理として受け取ってるわけですね。たしかにこれはサルトルの小説だと思うけれども、ナチに捕まって仲間がいるところを白状しろと拷問されるわけですね。それでずいぶんひどい目に遭わされるんだけども、とうとう頑張り通して、仲間はどこどこの場所にいるとウソの場所を教えるんです。むろんそれがバレた場合には彼は殺されちゃうわけです。だが、彼はウソの告白をする。ナチがそこに行く。そして帰ってきて、「あいつはあそこにいた。お前は許してやる」と告げられる。というのは実は彼らは別のところにいたんだけれども、捕まった同志がひょっとしたらそこの場所を自白するかもしれないということを恐れて移動してしまっていたわけですね。拷問された男は自分が殺されるのを覚悟の上で虚偽の告白をする。ところが虚偽の告白をしたところに仲間が移動している。そんなところに、つまり不条理だとかいう前に、ぼくは実存主義を膚で感じるところがありました。でも、マルクス主義では善意がやはり報われるというところがあるように思うわけですね。「人間が生きる希望をもちうるような社会になったら、競馬やギャンブルはなくなる。生きがいがないからああいうことやるんだ」というようなことを革新系の政治家が言いますね。

　ところが、労働や新しい社会の建設の中に生きがいというものを発見できるような社会になればギャンブルはなくなるかといえば、そうではない。ぼくはモスクワに行って、レーニン賞記念なんとかという大レースでガガーリンなんていう馬が走るのを見てガクゼンとした（笑）。

ちゃんと予想屋もいるし、やはり社会主義社会になってもそういうものはなくならないんだと。ギャンブルがどうのこうのはともかくとして、現代ではどうしても小林多喜二のように生き、また死ねる時代ではなくなってきてるわけです。では、どうすべきか。そこのところに実存主義者といわれる作家たちの存在の特異さがあったように思われるのかもしれません。

廣松　それは特殊な局面だとは申しません。もう少し土俵を拡げて考えて、そういうかけがえのないオレと言っているその実存とは一体なんぞやとなると、サルトルの場合でも「無」とし か規定しようがない。

構造主義における「構造」とは何か

廣松　その場合、神様があれば神の前で無に等しき我ということでいいんですが、サルトルみたいに神様のない場合には議論が空疎になる。アンチテーゼとしてはいいんですけどね。無であるがゆえになんとかという具合に、無を論拠にして積極的な議論はできないはずなんですね。実際問題としては、何も言ったことにならない。ということも一因になって、もう一回場面を変えて考え直そうという動きが当然でてくる。構造主義なんかがそのひとつですよね。構造主義が特にフランスで出てきたときのいきさつからいいますと、実存主義に対するアンチテーゼ、あるいはもう少し広く、実存主義まで含めたヒューマニズムといいますか、人間主義に対するアンチテーゼというかたちで、構造主義が出てくるんです。

五木　そうですか。構造主義は実存主義のアンチテーゼとして出てきた。それはわかるような気がします。ではその構造主義とマルクス主義とはどういう関係になっているんですか。

廣松　非常に微妙でしてね、構造主義のチャンピオンといわれてるような学者の中には、レヴィ＝ストロースなんかにしましても、いったんマルクスを通ってきてる人が案外と多い。アルチュセールはいまでもれっきとしたフランス共産党員です。ミシェル・フーコーみたいにマルクス主義とはもともと無縁らしい人もいますけれど、マルクス主義者だと自己規定している構造主義者もいれば、元マルクス派というようなものもいて、マルクス主義との関係は非常に微妙なんです。少なくとも伝統的に解釈されてきたマルクス主義に対して批判的なことはたしかですが、それではオリジナルなマルクスとは基本的に同じ流れに属するのかとなると、マルクスの系統をストレートに継承すると称する人と、オリジナルなマルクスとも系譜的に違うという人といるんですね。

五木　では、かすかながらも血縁関係はあるんですね。その微妙なところをわかりやすく説明していただけると有難いんですが。

廣松　本人たちの思想的な系譜でいうとあまりストレートには言えないと思います。しかし思想史上の位置づけという次元ではまた話が別になります。

構造主義ということの「構造」とは一体何かということから考え直してみます。構造主義者といわれている連中は、構造概念は構造主義言語学から始まるという言い方をよくします。構造主義言語学というのは多義的で、ひとつにはアメリカのブルームフィールド学派のことをいいますけど、彼らがいうのはソシュール学派の構造主義言語学のことです。その場合の「構造」なるものにはいくつかの契機がありますけれど、ひとつには発生論的過程に対する共時論的な構造ということを挙げていいと思います。ソシュールは同じく言語といってもパロールやランガージュとは区別した次元での言語（ラング）の分析ということを言語学の仕事の中心に置いたわけですね。それ以前には、インド・ヨーロッパ語のいちばん元の祖型を復元しようとするような言語の起源論、あるいは言語の歴史的変遷ということが大きな主題だった。起源論を目標点に置いた歴史的な分析が主題だったのに対して、ソシュールは言語体系のサンクロニック（共時的）な構造の把握に当面のポイントを置いた。つまり歴史的発生論的な研究に対して、一応でき上がったかたちになっている構造の研究に主眼をおく。こういう研究上の姿勢ということがあります。

ソシュールはそういう構造の典型であるラングの次元での言語、特にシニフィアン（能記）の体系というものは示差（ディファランス）の体系だということに即してとらえる。ひとつひとつの音がそれ自身で意味をもっているんではなくて、ほかのものとの区別においてそれの存在性が成り立っているというわけです。ある単語の発音と別の単語の発音との区別がつけばいいんで、ひとつひとつの単語それ自身がどういう音で表現されるかというようなことは問題にならない。この示差ということを軸にして、構造・システムの成り立ちを考えるわけですね。伝統的な考え方では、まず実体というものがあって、それらの実体がそれぞれ固有の性質をそなえている、そういう固有の性質にもとづいてはじめて相違ということも成立する、という具合に発想する。しかし、たとえば日本語の場合、rの音とlの音とがごっちゃになってるというんだけれど、示差の体系において他と区別がつけばいい。固有性なんて、いわばどうでもいい。というよりは、固有の性質といわれているものが、実は示差の体系における分節によってはじめてきまるという考え方なんですね。実体があって示差的関係が成立するのではなく、示差の体系があってはじめて項もきまるという考え方です。これはソシュールを少々増幅した言い方になっておりますけれど、関係の一種である構造が第一次的な存在なのであって、それ自体で存在する実体とやらが基軸なのではない。関係によって項がきまり、構造によって分肢がきまるというようなタイプの考え方、そういう存在観が基礎になっている。

五木　構造がまず問題になるのであって、実体というものが先にくるのではない。そういう考え方ですね。そうすると、それは前のお話の中の、事物ではなくて事態そのものが問題だという命題と似てくるじゃありませんか。

廣松　さすが（笑）。ズバリおっしゃられちゃったんで、いずれはそちらに話をもっていきたいと思います。いまフランス系のいわゆる構造主義者が構造という概念をどう受けとめたかといういわく因縁みたいなところを申したんですけれど、もう一回整理していうと、歴史的なディアクロニック（通時的）な経過の研究に対して、むしろサンクロニック（共時的）なシステム・構造の研究をポイントとして押えたということ、そしてその構造というものを、実体の複合としてではなく、示差の体系というような「関係態」として了解したということです。もうひとつのポイントをあげれば、深層構造と表層構造との区別ということがあります。構造というと、そこには日常意識しているような面もありますが、実際には意識されていない無意識の構造がベースにあって、それこそが本当の意味での構造を規定しているという考え方も、そこから出てきます。

五木　さきに示差の体系ということでいわばヨコに拡げたところを、こんどは表層と深層ということでタテに考えていくわけだ。

廣松　そうですね。表層と深層という立体的なイメージでいうかぎりはそういっていいでしょうね。これで三つのポイントを申しましたが、その範囲内でほかの思想状況との関係を申しておきます。まず第一に、深層構造、つまり当事者たちには少なくとも日常的には意識されない基礎構造が存在するという議論は、フロイトの無意識論とつながりますね。ですからフロイトのあいった精神分析学と結びつくかたちで、たとえばジャック・ラカンという人の理論みたいな構造主義が出てくる。それから構造という概念を、上部構造、下部構造というようなかたちで特に下部構造が大事なんでしょうけども社会構成体の構造ということを押えているものとして、マルクスの史観というか社会理論がありますでしょう。そこで歴史的にマルクスあたりに着目する人は、マルクスと結びつけて考える。それからもうひとつは、フロイトとまたちょっと違うんですが、構造というのは事物のように目の前に転がっているわけではなく、物理的、化学的な実在物というわけではないが、しかし、それでいてまったく主観的なものではなくて、一種の客観性をもっている独特の存在であるということ、このことからフランス社会学の伝統ともつながることになります。未開社会の思惟で有名な文化人類学者のレヴィ＝ブリュールのさらに先生にあたるデュルケームが社会的事実（フェ・ソシアル）ということを言っていたんです。社会的事実というのは、普通の意味での物ではないんで、実は集団表象なんだけれども、しかし、共同幻想じゃありませんが、個人個人が心の中にもっている観念＝表象とは違って、個人にとっては外部的に存在して拘束する客観的実在性をもっており、一種の「もの」のような存在性をもっている。集団意識が形成したそういった表象は、われわれの日常的意識にとっては、あたかもわれわれの外部に実在して、われわれを外部から拘束するような表われ方、在り方をしている。そういったものの典型として、言語体系などをも含む広い意味での制度をデュルケームが挙げていたわけです。そういう伝統を踏まえて考えますと、言語の体系をはじめ広い意味での制度は集団表象が彼ら自身は「物象化」という言葉は使わないにせよ強いて言えば物象化されたもの、物と化したものだというとらえ方ができます。そういう考え方を未開社会の研究といった場面に持ち込むことにおいて、構造主義的な文化人類学が生まれます。未開人の制度、未開人社会における構造、これはわれわれ外部のものにある程度見えるところもあるし、逆にわれわれ外部のものには見えない点もありますよね。ところがある未開社会なら未開社会の内部の人間は、自分たちがどういう構造の中で生きているか、あんまり自覚していない。彼らが意識しているのは表層構造だけであって、第三者的にみれば決してそれにはつきない深層構造があって、それが彼らの実際の生活のあり方を規定している。当事者たちの意識している表層構造の奥に深層構造を見据えるという手法をとることで、文化人類学あるいは未開社会の研究といった場面に、表層構造・深層構造というような構造概念が使われることになります。それをやったのが、レヴィ＝ストロースあたりの仕事だと言えます。構造主義というものはこうやって、いろんな既成の流派や学統と結びついて各種の分野でそれなりの新展開を示すことになった。

五木　そうすると、こんどは構造主義と実存主義およびマルクス主義との間にどういう摩擦関係があるかということなんですが、その点はどう考えればいいんでしょう。

廣松　そうですね。そこへ話題を移していくためのつなぎとしてちょっと言っておきたいのですが、フランスの構造主義者たちは、ソシュールの構造主義言語学が先駆になったということを強調しますけれど、構造主義的な発想というものは、もうちょっと視野を拡げて考えますと、なにもソシュールから始まったわけではない。たとえば数学の世界では、十九世紀の末あたりから構造主義が主流になっていたわけです。数学というと、われわれ素人はとかく「数」の学みたいに思いがちですけれども、数学の基礎論といいますか、数学とは一体なんぞやといった次元を問題にする部門では、数学とは「構造」の学だということが前々から常識になっているんですね。たとえば「関数」などが数学者のいう「構造」の一例になります。関数というのは、要素があって、それが寄り集まって関数になるわけじゃないですよね。xとかyとかいうものが実体としてあって、それがたまたま結びついて関数が成立するのではない。xとγとの間の一定の関係があって、そこではじめてxがxであり、γがγであると。そこでは関係が項を規定する、構造があってはじめてその分肢が存在性をえるわけですね。群論とか束論とかいう例を出すと実態がいっそうはっきりするのでしょうが、ともかく、数学というのは構造を対象にする学だということが、前々から定説的になっていたわけです。

それじゃ、構造主義のはしりは十九世紀末の数学であるのかといえばそうではない。先駆をいいだせばきりがありませんが、実体こそが第一次的存在で関係とか構造とかいうものは第二次的な存在にすぎないという伝統的な存在観に対して、逆に関係とか構造とかのほうが第一次的な存在だという新しい存在観を明確に打ち出したのはなんといってもマルクスでしょう。もちろんヘーゲルの有名なテーゼ、つまり「実体を主体としてとらえかえす」というような命題や、「性質と呼ばれるものは実は他との関係の照映だ」という反照規定といった考え方をもち出したヘーゲルにもそういう発想法に近いものがあるといえる。しかし、ヘーゲルは最後のところで実体主義を残している。そういう実体主義をふっきったのがマルクスなんですね。もちろん、マルクスの用語法には伝統的な実体主義の名残りみたいなものが、多少残ってはいますけれど。基本的にいって、伝統的な実体主義をふっきったのがマルクスであるといえる。前に、ヘーゲルからマルクスへという時代に、近代哲学から現代哲学への転換点があるということを申しましたが、構造主義的な考え方のポイントになるところの、実体主義に対する関係主義、それから意識の透明性という近代哲学の大前提に対して意識の不透明性を対置して表層・深層の別を立てる発想、こういうところはまさにヘーゲルからマルクスへという現代哲学への転換期においてすでに成立しているわけです。そういう意味では、構造主義的な発想法というのは、現代哲学とともに成立していたものであって、なにもソシュールあたりから始まるものでも、十九世紀末の数学に始まるものでもない。実存主義のハイデッガーやサルトルの「世界―内―存在」といった考え方、分析哲学でも、命題論理を基幹に据え直した発想や、ラッセル・ヴィトゲンシュタイン

シュタインの「命題」「事態」を基本に据える世界了解など、「関係の第一次性」ということは現代哲学のいろんな流派にそれぞれのかたちでみられるわけです。カッシーラーがいう「実体概念から関数概念へ」という議論にはそのまま追認できない部面もありますけれど、少なくとも相対性理論や量子力学などでは、関係主義的な発想が基調になってきている。

実体主義の拠点をなしてきたものが一方では物理学的自然科学、他方では自我論・人格論であったわけですけれど、自然科学そのものが二十世紀になると実体主義から関係主義へ転換してくるし、哲学的人間学からハイデッガー・サルトル流の実存主義への転換において実体主義的な自我とか人格とかいうものが氷解したわけです。現代哲学の特徴、現代科学の特徴は、まさに関係主義的であり構造主義的であるわけですね。そういう地平をいちはやく切り拓いていたのが、実はヘーゲルを承《う》けたマルクスだったことがいまから省みればわかります。そのことは、「人間の本質とは社会的諸関係の総体である」というテーゼや、「社会というものは諸個人から成り立っているのではない、さりとて社会というものを再び独立の実体に仕立ててはいけない、社会とは人びとの諸関係、諸関連そのものなのだ」という有名なテーゼなどからもおわかりいただけると思います。社会契約説がいうみたいに、実体としての諸個人がいて、それが寄り集まって社会をつくっているわけではない。さりとてまた、社会有機体説がいうみたいに、まず社会とか国家というものが実体としてあって、個人個人はその手であり足であるというわけでもない。個人を実体化しても、社会を実体化してもいけない。基本的な存在というのは、諸関係そのものなのだ、ということ、これはマルクスが非常に明快に言っている。そしてそこから、上部構造といった構造概念や生産関係といった関係概念が基本的なカテゴリーにされるわけですね。自然については残念ながらマルクスはほとんど主題的には論じておりませんけれども、弁証法的な存在観、弁証法的な自然観、とりわけヘーゲルのいう反照規定の評価などから考えますと、やはり自然についても関係主義的な地平で考えていたことは間違いないと思うんです。

五木 なるほど。われわれのように東洋の仏教文化圏に生活してますと、関係こそが第一次的な存在であるなんてことはいわば当り前という感じもしますけれどね。

廣松 自性空、五蘊無我《ごうんむが》、諸法無我なんて言っちゃってね。やれ共相だ縁起だというようなことを誰でも知ってますしね。しかし、ヨーロッパの文化圏では、実体主義を斥けるのは容易なことじゃない。古典物理学的な世界像が根強いとか、救わるべき魂としての実体的自我とか、日常的にはそういう表象がマルクスのいう「民衆の先入見」(フォルクスフォアウアタイル)になっているというイデオロギー状況もある。それから理論家の世界、哲学屋の世界でさえ、実体主義が払拭できないというのはギリシア哲学以来の伝統もありますし、それにインド・ヨーロッパ語における主語・述語構造、つまり実体を主語にし、属性を述語にする構造、特に主語なしには文章が成立しないという構造。こういう言語の構造によってヨーロッパ人の発想法が大いに規制されているということも無視できないという見方もありますが、なんといってもやはり神様の問題だと思うんです。キリスト教文化圏でいう「実体」とは「それ自身で存在するもの」、つまり他に依存して他との関係性において存在するのではなく、自分自身で存在するものの謂いであり、「真に存在するもの」であるわけで、それがすなわち「神」なんですね。物質とか人間のような有限な精神とかいうものは、実体といっても「神」に比べればおよそ実体的ではないわけで、現にスピノザのように、物とか心とかは神的実体の様態というか属性にすぎないという考えが出てくるほどです。神とは実体であり、実体とは典型的には神である。こういう了解がありますから、実体を否定して、関係なり構造なりが基本的な存在だという主張や、主体なんていわれているものは諸関係の総体ないし諸関係の結節にすぎないんだというような主張は、神なんて存在しないのだということを意味してしまう。なるほど、二十世紀ともなれば、ヨーロッパでもインテリの間では、信仰が弱まっているでしょうが、それでも三位一体の実体たる神を否定してしまうことには抵抗がある。正統派のクリスチャンに言わせれば哲学屋や科学者には異端や無神論者が多いということになるのですが、どうしてどうして、われわれ東洋人からみると、彼らはどうしても神様=実体という発想をふっきれないところがあるんですね。そういう点からいうと、神様を残そうとするかぎり、そして救わるべき魂という実体を残そうとするかぎり、本当に実体主義を克服して関係主義なり構造主義なりに徹することはできないわけです。現代哲学の地平では、実体主義の克服という姿勢になっているとはいえ、無神論でなければ関係主義や構造主義になりきれない。マルクス主義は無神論だからそれに徹することができますけれどもね。もちろん、「逆は必ずしも異ならず」で、実体主義であっても、機械論的な唯物論などでは無神論になりうる。しかし、無神論でなければ実体主義を真には克服できない。つまり、現代哲学の地平にふさわしい哲学にはなれないということです。

話がくどくなりましたけれど、構造主義者に対してマルクス主義が影響するということの根底には、マルクスの関係主義があるとみていいと思うんです。それから、分析哲学そのものではないにしても、分析哲学系の科学理論に対してマルクス主義のイデオロギー論からの影響が強いところなんか、さしあたってはマルクス主義の意識概念の新しさに由来するのですが、その新しい意識概念というのも、精神というものを関係主義的な地平でとらえかえしたところからはじめて成立しえたのでしてね。すべての道はローマへといった観がありますね。

【ソシュール（一八五七〜一九一三年）】
スイスの言語哲学者、構造言語学の先駆者。ソシュールは、言語を記号として捉えた上で、言語記号は単なる名称ではなく、それ自体に「意味」を持つと云う。しかし、それぞれの言語記号はあらかじめ意味を持っているのではなく、それが示すのは差異である。たとえば「イヌ」は「イヌでないもの」との差異によってはじめて意味を持つのであり、これを言語の示差性という。言語記号は、事物を弁別するのと同時に、事物を構成するのである。

男と女の関係規定

五木　そうしますと、マルクスはぼくらが表から見て関係がなさそうな、あるいは全然反対側に立っているような思想にまで、実はとっても大きな影響を与えていると考えられる。たとえばいまおっしゃった実体主義の克服ということでいえば、男がいて女がいてというか、男という実体と女という実体があって、男の役割とか女の役割とかが決まるのではなく、階級闘争と同じように男社会と女社会が闘い合う中でこそ、男女の役割というものが規定されてくるというふうにも考えられますね。そう考えると、いまのウーマンリブにしても彼女たちが意識するしないにかかわらず、基本にはやはりマルキシズムというものの影が色濃く落ちてるような気がするんですが。それを広げていえば、現代では恋愛小説は非常に成立しにくい時代だと思います。それはなぜかというと、男と女の関係がはっきりしないからなんです。男は働くもの、女は食わせるもの、なんてかたちの小説は書けないですね。そうすると、逆にふたりの人間がいて、その人間がどう関わり合うかによって、男と女を出すしかない。

たまたまぼくはこの間、チェーホフが『桜の園』に「コメディ」とつけたのと同じように、ちょっと照れくさいから、「ア・ボーイミーツ　ア・ガール　ストーリー」というサブタイトルをつけて、これは通俗的な恋物語ですよというふうにして、恋愛小説みたいなものを書いてみたんですけれども。既成の概念からいうと、この小説では男と女の位置が逆転してるんですよ。男がすがるのを、女が突き放しちゃうんです。男は結婚してくれって泣き叫ぶし、女は結婚しないと突っぱねちゃうわけですね。そしたら、早速ある批評家から「女が女らしく描かれてなく、男が男らしく描かれてない」と苦言をいただきましたけれども、最初から男と女という実体がなければ、関係の仕方次第でどうにでも変えられるんです。

廣松　その論理をもうちょっと押してみましょう。伝統的な考え方では、この男とこの女という個体的実体がまずあって、そこではじめて男女関係というものが成立するんだ、だから実体が先で関係なんてたまたま第二次的に成立するんだ、そういう具合に言われてきたわけで、常識的にはいまでもそういう考えが強いと思います。夫婦関係という場合も夫と妻というのは関係規定であり、夫婦関係という関係があってはじめて「夫」「妻」という規定も成立するのが本当なんですが、ひとりの男とひとりの女という実体が基礎にあるように考えられやすい。つまり、この点はそれなりに理由があるわけで、関係の第一次性といっても、のっぺらぼうに一重の関係にいっさいを還元するわけにはいかない道理なんですね。そこで、夫婦関係の実体的基礎として考えられているひとりの男、ひとりの女なるものを追究してみると「男」「女」という規定は相関的な示差的な関係規定、反照規定だということがわかる。いっさいの規定性がそうやって次々にもう一歩奥の関係規定に還元されていく。それに対して実体主義者はどう言うかといえば、「性質」と呼ばれるものはなるほどすべて関係規定の反照的結節であるけれども、その性質を担う実体がある、性質だけが宙に浮いているわけではないと言うわけです。それではいっさいの性質が関係規定だということを認めたうえで、なおかつ、性質の担い手として残る実体とは何かといえば、それはアリストテレス以来「第一質料」ということになるわけで、そんなものはあるとしてもわれわれには知りようがない。知るというときには性質（実質をも含めて、広義の性質）を知るわけですから。「第一質料」なんて、仮に在るとしても、カントの物自体ではありませんが、不可知なxになってしまう。もっとも、そんなものは無いということも実証はできませんが、それは単に論理的に要請されたものにすぎない。そうだとしても、その論理的要請に必然性があるのなら、認めてもいいことになりますが、しかし、どういう論理でそれが要請されるのかといえば、性質というのは必ず実体に担われているという図式を大前提にしてのことですよね。ところが、この大前提が不当だと言っているわけですから、そういう論理的な要請にはなんらの必然性がない。

それは関係規定の結節を物象化して、自体的な存在だと見誤ったものだと言わざるをえない。

これがヘーゲルによるカント式物自体に対する批判の構図でもあり、それをマルクス・エンゲルスも追認している次第なのです。

このように、性質と呼ばれるものが関係規定であることをいったん認めてしまえば実体主義が崩れてしまう。構造主義をも含めて関係主義の立場では、そういう次第で、実体の存在を認めない。もちろん常識的な次元では、括弧つきの〝実体〟を認めないわけではない。しかし原理的にさかのぼっていえば実体なんて関係規定の結節が物象化されて錯視されたものにすぎないと主張するわけです。その点、実存主義では「実存」というかたちで、もはや事実上無化されながらも実体主義の構図、およびデカルト的なコギトの構図を最後のギリギリのかたちで残していた。それを構造主義がつき崩したといえます。それは実をいうと、マルクス・エンゲルスが、『唯一者とその所有』という有名な本を書いたマックス・シュティルナーというヘーゲル左派出身で実存主義の祖のひとりに数えられる人の議論を批判する中で、すでにやっていたことのむし返しにすぎないんですけどね。マルクス・エンゲルスはキェルケゴールの理論は知らなかったし、したがって彼を批判してはいませんけれど、マックス・シュティルナーの批判というかたちで実存主義批判をすでに済ませていたとも言えるんです。

第三章　マルクス主義のゆくえ

マルクス主義諸派の哲学的位置

五木　マルクス主義の現状は、その理論的な側面というか、哲学上の問題ではどうなっているんですか。

廣松　マルクス主義哲学の流派らしきものを並列的にいえば、三つに大別できると思います。第一にはロシア・マルクス主義哲学で、これほ「科学主義的」と呼べるでしょう。第二にはいわゆる西欧マルクス主義哲学といっても、東欧でも、ルカーチの故国ハンガリーだけでなく、ポーランドやチェコ、ユーゴ、それに東ドイツなんかでも結構勢力を張っていますから、「西欧」という言い方は必ずしも適当ではありませんけれど、それは「人間主義的」と呼べると思います。第三のものということでは、決して構造主義的マルクス主義をそのまま挙げるつもりはありませんけれども、たとえばアルチュセールなんかの哲学ということにしておきましょう。中国マルクス主義の哲学なるものは周揚あたりが文革で叩かれたあと、どういう線になっているのかつかめませんので、これはひとまず括弧に入れたままにします。

第一の「科学主義的」なマルクス主義哲学、つまりロシアの正統派的マルクス主義哲学は、弁証法を云々します。その弁証法なるものは非常に図式的で、一種の論理だと考えられておりまして、実質的な特徴はいわゆる科学的実在論にあるように見受けられます。古典物理学的な世界像や、そこでの認識観を哲学的に追認したものという色彩が強い。もちろん史的唯物論なるものを伴っており、生産力・生産関係といった概念装置をもっておりますから、単純な自然科学的唯物論ではありませんけれど。

第二の「人間主義的」なマルクス主義、これはルカーチの影が強いのですが、フランクフルト学派の哲学やルフェーブルの哲学なんかとも複雑に絡んでおり、ある種の局面では実存主義とも結合しているんですね。この西欧マルクス主義の人間主義哲学では実存主義と癒着して「マルク存主義」とでも呼びたくなるようなものがあります。そしてそれが、自由・平等・友愛といった思想とも相即するかたちになっている例も少なくありません。哲学上の特徴としては、初期マルクスの疎外論をひとつの軸にし、これを人間存在論の場面で説き、社会理論の場面も疎外ということで説いていくことになりますが、弁証法というものを疎外論の論理として押えて、その意味での弁証法を重視するところが目立ちます。この人間主義的マルクス主義は、自然存在論や認識論などの方面ではまとまった議論がほとんどみられませんけれど、今日ではいわゆるユーロコミュニズムとも結びついており、かなりの勢力になっておりますので、やはり特筆に値すると思うんです。

考えてみますとね、科学主義と人間主義の対立というのは、近代知の地平、つまり資本主義時代という意味でのブルジョア・イデオロギーの地平においては必然的に分立する客体主義と主体主義との対立なんですね。それはマルクス主義をブルジョア・イデオロギーの地平に押し込んだふたつの射影にすぎない。しかも、一方は淳朴な科学的合理主義への信頼をもっており、他方は自由・平等といった啓蒙的理想への共感を示すという具合で、十八世紀的啓蒙思想という古典期のブルジョア・イデオロギーの地平に納まっている。御本人たちに言わせればこう言うと思うんです。つまり、一口にブルジョア・イデオロギーといっても、十八世紀の啓蒙思想というのはそれなりに進歩的であり革命性をもっていた。その後十九世紀になると反動化し、理論的にも堕落したけれど、十八世紀までは良い面があった。それをマルクス主義は正当に継承しているんだと。ファシズムが出てきたとき、いまやブルジョアジーが投げ棄てた自由・平等の旗をプロレタリアが拾うんだと言ったあの発想と一脈相通じますよね。

マルクス主義の科学性、科学的合理性を強調する事情はわかります。特にロシアでは、革命前後の経緯からいって、先進資本主義国では啓蒙主義がやった仕事をボルシェヴィキが同時にやらざるをえない歴史的状況だったわけですし、その後のある種の局面では科学的合理性の強調にはスターリン主義的官僚主義の支配に対する一種の抵抗の含みさえあったと思われる場合もある。それから、西欧ではなんといっても自由とか平等とか民主とかいうようなブルジョア啓蒙主義の価値観が建前としては大衆的に深く定着していますから、マルクス主義の運動が大衆化していくうえでは、とりわけ選挙で票を伸ばしていくためには、そういう価値観と正面から対立するのはまずい。そこで、マルクス主義が真の民主主義だとかマルクス主義こそが真のヒューマニズムだとか言って、自分自身を啓蒙主義的理念の士具の体現者であるかのように描き出そうとする。

それはちょうど、初期の社会主義者たちが「社会主義こそ真のキリスト教だ」という言い方をして、大衆の既成の価値観に乗っかるかたちで大衆化を志向したのと同じ運動の力学なんですね。選挙民大衆だけでなく、人民戦線時代以後になるとヨーロッパではプチブル・インテリが党に近づいてきたり入党したりして一翼を担う。彼らはまさに自由とか平等とかヒューマニズムとかいう価値体系をもったまま、自分ではマルクス主義の思想性にアンガージェしたつもりでいますから、こういうインテリ連中からもマルクス主義と啓蒙主義的ブルジョア理念との接合の試みが出てくる。

そういう事情はわからないではないけれど、マルクス主義を科学主義的に改釈したり人間主義的に解釈したりするのは、マルクス主義を典型的なブルジョア・イデオロギーの一形態に帰着させてしまうゆえんであっていただけない。マルクス主義はもちろんブルジョア・イデオロギーを止揚して登場しているわけですから、そこには止揚されている契機があるにちがいないけれども、その次元的差異を明らかにする必要がある。ところが、マルクス主義の源泉と構成要素という具合の議論で先行思想との連続面を強調しているうちに、いつのまにかブルジョア・イデオロギーのうちのある種のものをそっくり引き継いだかのような議論になってしまった。

科学主義的マルクス主義と人間主義的マルクス主義とは、そういう具合にブルジョア・イデオロギーの地平に押しこまれてしまった似而非マルクス主義だと評するのも必ずしも酷ではないと思うんです。こういう状況では、当然マルクス・ルネッサンスの動きがでてくる。ロシア・マルクス主義に対して西欧マルクス主義の連中が初期マルクスを復権させて対置したのも一種のルネッサンスにはちがいありませんが、初期マルクスは後期のマルクス自身によって超克されたのであり、真にマルクスが固有の地平を拓き固有の思想を固めたのは後期なのだという見解も、また当然出てくる。マルクスの初期と後期との関係をどうとらえるかということが、マルクス思想の核心の理解の問題に関係してくる。そこで、形成史の研究ひいては先行思想との関係、それも古典派経済学や空想社会主義との関係だけでなく、フランス啓蒙思想との関係とかヘーゲル左派との関係とかがきめこまかく研究されるようになった。それが六〇年代からのひとつの動向であり、そのなかから、ないしはそれに支えられて第三の潮流が出てきたわけです。

そういう第三の潮流というとき、フランスの構造主義的マルクス主義、つまりアルチュセール派がまず問題になるわけです。アルチュセールも最近ではまたちょっと変ってきてるらしいんですがね。今村仁司君あたりの紹介から察するとそうらしい感じがする。しかしアルチュセールがデビューした当時に関していうと、彼の場合は多分に科学主義的なところがある。レーニンや毛沢東の評価の仕方にも相当に教条主義的なところがある。というわけで彼の議論をそっくり第三の潮流、つまりマルクス主義の第三段階を拓くものといえるかどうか、一呼吸おいて考える必要があると思うんです。実をいうと、私はかつて彼のことを科学主義の一変種というところに位置づけていたんです。しかし、留保条件はつけるにしても、いまでは一応のところ第三の潮流のパイオニアということで認めたい気がします。

アルチュセールは、ヒューマニズム的マルクス主義に対するアンチテーゼを打ち出して、インヒューマニズムではないがアヒューマニズム（インヒューマニズムと区別した意味での非・人間主義）の立場を標榜した。それは彼なりに初期マルクスの思想形成過程の研究やヘーゲルやフォイエルバッハとの関係の研究をやって、そこから出てきた見地なんですね。その議論は正直いって実に粗っぽい。それどころか、実証的にいえばずいぶんと無茶な議論も含んでいるんです。フランスは日本と違ってヘーゲルやヘーゲル左派の研究が非常に遅れていますし、初期マルクスの研究といっても、いまは東独にいるフランスのゲルマニストであるオーギュスト・コルニューあたりの水準にとどまっていますから、日本の実証的な研究者の目からみて不備が目立つのは仕方がないでしょうけれど、ともかくマルクスの思想形成史とかヘーゲル学派とのつながりとかの議論は実証的にはずいぶんひどい。しかし、彼は疎外論の論理を基軸にした初期マルクスと『ドイツ・イデオロギー』あたりからあとのマルクスとの間には切断があることを説いて、初期マルクスに依拠した人間主義的マルクス主義を斥ける。

そして弁証法の理解その他、ヘーゲルとのつながりに関してはロシア・マルクス主義の正統的議論をも斥ける。そういう地歩に立って、いわゆる構造主義的マルクス主義を打ち出しているわけです。彼はフランス共産党員でもあり、エコール・ノルマル（高等師範学校）の教官でもあるわけで、党の内外、それにまたアカデミズムの内外にグループを形成していまして、若手の学者なんかと一派を成している。その一派の連中が創造的な仕事を展開しつつあるようです。

五木 アルチュセールといえば、あの五月革命のときにきそって読まれた人ですね。そのアルチュセールを中心にした構造主義的マルクス主義の一派を、それでは新マルクス主義とでも呼んでもいいものでしょうか。

廣松 あのときは、アルチュセールというよりフーコーなんかの構造主義が全体としてブームの観を呈したようですよね。しかし、サルトルなんか結構読まれたようですから、五月革命のときの学生たちがどこまで実存主義の限界を見定め、また既成マルクス主義を理論的に批判しつつ、ネオ・マルクス主義ということで理論的・思想的に固まっていたかという段になるといささか疑問です。おそらく日本の全共闘や反戦青年派などよりもっとノン・ポリであり、マルクス主義文献の読み方も底が浅かったのではないかと思います。もっとも概括的に比較しての話ですから、個々人の次元ではそんなことといえませんけれど……。

私は別段、日本のほうが進んでいるということを言いたいわけではないのですが、日本の場合、なんといってもその十年前に六〇年安保闘争があり、その以前から新左翼諸派が一定の理論的形成をとげ、組織的力量はまだまだだったにしても、ともかくも組織的運動体として存在していたという事情を逸せないと思います。五〇年代の末に革共同や共産同（ブント）が結成されたさい、中ソ論争が噂されてはいましたもののまだ公然たる論争のかたちでは表面化していなかった。ところがブントなどでは中ソ論争を先取りするような形で議論を展開していた。いまからみればもちろん不十分なところが目につきますけれど、六〇年ブントというのは相当な水準で理論形成をとげていたし、革共同にせよブントにせよ、あるいは社青同にせよ、さらにはまた構改左派の諸党派にせよ、六〇年代末の国際的な「学生叛乱」の時期には、ヨーロッパやアメリカより理論水準がかなり高かったと言っても、けっしてこれはお国自慢ではないと思うんです。

【アルチュセール（一九一八～一九九〇年）】
アルチュセールは、科学認識論を基礎にしながら、マルクスには『ドイツ・イデオロギー』を切断面に、前期・後期があるとする。疎外論に依拠した前期と、科学の地平に達した後期のマルクスがあり、後期マルクスこそ革命を標榜する者たちにとって重要であると唱える。また、スターリニズムとそれに対抗すべく登場したヒューマニズム的マルクス主義の両者共にのりこえるために、フロイト精神分析を導入し、マルクス読解にある種の自由性をもたらした。

通俗と啓蒙について

五木　学生がマルクス主義を勉強しようと思うと、ちょうどぼくらが学生の頃、三一書房から出て大ベストセラーになった『経済学教科書』を読んでいたものですけれども、最初手にするのはやはり啓蒙書ですよね。そこで受け取ったものはずうっと最後までついてまわるわけです。たとえば『実存主義入門』とかいうような解説書の冒頭に出てくる、価値より存在が優先するというような言葉だけが頭に残っていて、金持ちでも貧乏人でも関係なく人間はひとりの人間として値打ちがあるんだと思うべきなのかというふうに俗っぽく受け取ったりする。それが誤りかどうかは別にして、そんなことが大多数の人たちの場合には一生つきまとう場合が多いわけですよね。そこで、たとえばマルクス主義なり現代の哲学なりが通俗化されていく過程でやはりどこかごまかさなくてはいけないものがあるのか、正確に通俗化できるものなのか、そこはどうなんでしょう。

廣松　その点は、私、最終的には非常に悲観的なんです。通俗化といってもふたつのタイプがあると思うんです。第一のタイプはたとえば数学を教えるとき、算術程度しか教えない。その場合、算術という低い水準のものしか伝えないという点で通俗的だけれども、しかしその範囲では数学というものも一応は正確に伝えることができるという考えもあるでしょう。ところが、思想といったものになると、その初歩のところだけを教えるというわけにはいかないので、全体をどうにかデフォルメして、それこそ悪い意味で通俗化することで伝えることにならざるをえない。新しい思想というのは、既成の思想と個々の主張で違うというよりものごとの考え方の土俵、枠組が違う。

既成の常識的な通念とは違ったパラダイムでものごとを考える。しかしそういう新しいパラダイムなんていうものはなかなか大衆化しにくいので古い発想法の枠組に還元するかたちで新思想を説明してみせることになりがちなんですよね。極端な場合には既成の思想体系のヴァリエーションみたいに言ってしまう。たとえばマルクス主義を自由平等の思想みたいにいえば、自由主義とか平等主義とかは近代ブルジョア思想の共通の土俵みたいになってますから、一応はみんなにわかりやすい。マルクス主義が確立する以前には、フランスのカペー派にせよ、ドイツのワイトリング派にせよ共産主義こそが真のキリスト教であるという言い方をしたわけですね。キリスト教信仰の土俵があるところでは、「ああ、真のキリスト教か、なるほど」ということになる。

いまみたいに「マルクス主義こそが真のヒューマニズムである、マルクス主義こそが真の民主主義である」というのは、それと同じような通俗的大衆化を図ってのことなのでしょうが、これは突き放した言い方をすればマルクス主義こそが真のブルジョア・イデオロギーであるといってるようなものですよね。

五木　週刊誌の記事ですから真偽のほどはわからないんですが、かつて「白い米の飯を食って黄色い糞が出る。これが弁証法だ」とサークルの読書会でやると、わかりやすいということで、たいへん歓迎されたそうですね。仏教でも、たとえば何年も壁に面して考えに考え続けて得た教理を辻説法のようなかたちで、本当に目に一丁字なき漁民とかに説明していくときにどういうふうにやったか。やったことと考えたこととの間にはズレはないのか。もしもそこがすごくうまくいっていたとしたら、たいへんなことだと思うわけですが。

廣松　私もそう思います。先ほど、算術だけを教えたことによって数学を正確に教えたことになるだろうかと言いましたけれども、ある種の人びとは算術の範囲では正確に教えたというかもしれません。そこは譲ってもいいです。しかし算術しか教えないのでは、数学的な発想を教えてないことになると思うんです。というのは算術というのは、大体実体主義的にできていますでしょう。ところが代数になってきたら、さっきの構造主義の話ではありませんけど、発想のパターンが全然違うわけですね。

五木　でも、たとえば村の青年団とか職場のサークルなんかで、社会主義とは何かということを、二日ぐらいで講師が話してわからせるとすれば、おそらくそれは算術の部分なんでしょう。

廣松　なるほどね。そういう言い方でならそう言っていいかもしれませんね。しかしそれも初めからデフォルメされた算術かもしれませんね。

五木　算術というより、パズルみたいなものでしょうか。とにかく二日ばかりで弁証法のなんたるかをわからせようとするわけですから、それはどうしても避けえないでしょう。しかしいきなり代数といっても……。

廣松　新しい思想を広汎な人々に正確にわかってもらうということはものすごく困難なことで、伝達ということの本質的な構造からいって新しい理論なり思想なりの大衆化を図る場面では、どうしてもデフォルメが起ってくると思うんです。その点では悲観的なんですけれども、しかし、まず算術であれソロバンからであれ、たとえデフォルメされているにしても、ともかく入門的なところから始めるのが先決だと思うんです。

このことはしかし、啓蒙主義的な楽観主義とは別です。啓蒙主義の場合、人間は理性的な動物で、基本的にはみんな同じなんだ、だから啓蒙を続けていきさえすれば、階級的な立場の違い、生まれたときからの環境の違い、そんなことに関係なく必ず説得できるはずだ、という大前提がありますね。しかし、理論とか思想とかいうものの受容はもっとイデオロギー的なものですから、そんな大前提は通用しない。

それに、体制内的な大枠をはみ出すような思想になると、これは弾圧だとかメディアが制限されているとかそういう事情もあってのことですけれど、もっと本質的には、認識というものの歴史的・社会的な相対性、存在拘束性が問題になる。体制内的発想の枠組、つまりその社会の下部構造に見合うような発想のパラダイム、これを超えるというのは容易なことじゃないので、大多数の人間が体制外在的な思想を固めるということは不可能だと思うんです。

このことが、たとえば議会主義で革命がやれるか、相対的には少数者による暴力革命たらざるをえないかといったアクチュアルな問題にもつながっていく。議会制民主主義というのは啓蒙主義的な大前提のうえに成り立っているわけで、議会を通じて革命ができるのか、暴力革命しかないのか、この対立は小手先の政治技術の次元ではなく、認識観、ひいては世界観の次元にわたる意見の対立ですよね。

五木　議会を通じての革命か、暴力によるそれか。選択は常にそのようにあるんでしょうが、いずれにしても単なる教養としての哲学ではなく、アクチュアルな変革のための哲学が強く要求される、というのは月並みな意見ですけど、やはりそんな気がしてなりません。

廣松　それはおっしゃるとおりだと思います。ただそれに応えていくさいに、場合によっては算術からでも入っていかなくちゃいけないわけです。数学者は算術なんて教えても数学を教えたことにはならないと言うかもしれませんけどね。理論戦線というかイデオロギー戦線は、先端のところはパラダイムの抗争といったかたちをとるにしても、広汎な人々を自分の陣営にどう結集するかという運動の現場では、いずれにせよ体制的な土俵の内部での攻防戦が基調であって、その枠内でどの線で対峙するか、そしてあわよくば枠組そのものを、部分的にせよどう突破するかという布陣になるのが日常的な現実ですからね。

五木　ただ、教わる側からいいますと、三年も五年もかからなければ全体がわからないというような教わり方はできないわけです。つまり、何十年か経ってジワーッと効いてくるような浸透力を待っていられない状況がある。哲学はペニシリンではないといわれればそれまでなんですが、たとえば最近テレビの三時間ドラマで伊藤博文をやり森鷗外をやりという具合に日本の近代をつくってきた偉人たちをクローズアップしてさかんに放映していますね。そこで、あんなものは大衆に大した影響力はないんだと思っては絶対にいけないので、やはり何百万人という人間ほそういうことでしか実際には歴史を考えたり、国家のことを考えたりする機会ほないわけです。ぼくらはそれに対して防戦したいという意識はあるんですが、その術もなければ、力もない。

とにかく、現状はテレビや新聞などのマス・メディアでは完全に防戦どころか後退に後退を続けてもはや挽回できない、マージャンでいえばハコテンまできてる感じなわけです。ばくは「深夜美術館」という小説で、朝鮮総督府が東大の考古学の学者と組んで韓国や朝鮮の遺跡を憲兵の立会いのもとにどんどん爆破して保護という名目で日本に持ち帰ってきたこととか、また伊藤博文なんかがどれだけたくさんの美術品・文化財を、朝鮮から持ち出してきたかという話を書いたんですけど、そんなものを書いて三万や五万売れたところでなんの影響もないと思ってしまう。もはや情況はくるところまできてしまったと思うときがあります。

廣松 でも、それはペニシリンほどは効かないというだけで、そういう営みがあるのとないのとではたいへんな違いになると思いますよ。

五木 でも、下にサブカルチュアの世界があり、上のほうにカルチュアの世界があるとすれば、言い方はおかしいかもしれませんけど、サブカルチュアの世界を手はじめに、カルチュアのほうまで管理されてしまっているのが現状ですから。

廣松 同感ですね。ある局面ではたとえ防戦一方であっても頑張らなければならないし、攻勢に出たからといって、真に反体制的な思想が多数派になれるわけではないにしてもね。その点、いわゆる実存主義者は日常性への埋没を厳しく警告しますでしょう。本来の自己を見失っちゃいかん、ひいては神を忘れちゃいかんということが彼らのいう内容だとしても、形式的にというか、言葉だけをとってみれば、たしかに日常性への埋没への警鐘というのは有効なんですよね。

人間というのは、しかし、日常性に埋没しているのが常なんで(笑)。それを破るきっかけがいる。いろんなメディアによるインパクトも、そういうきっかけのひとつになりうるでしょう。しかし、体制的なメディアによるインフォメーションというのは、基本的には体制内的日常性への埋没を促進させるものであって、先ほど五木さんがいわれたような、特に後退戦の局面ではほとんど頼れないことは明らかですよね。

突出した運動を展開するといっても、それ自身の延長線上で勝利できると考えているわけではない。その個別的な戦闘だけでいえば、敗北ははじめからわかりきっている。そういう場合でも、全体的な戦略戦術の一環として時や場所を選んで突出してみせる。日常的な大衆的感覚からすればほとんど自滅行為みたいなことまでやる。それがきっかけになって、そういう運動を直接に目撃した人、あるいはほ、ニュースその他で間接に知った人が、彼らは一体なぜあのような運動をやるのか、関心をもつ。そして、そういう運動の理念を知ろうとする。それがきっかけになって、ただちに賛成ということではないにしても、政治問題や社会問題、さしあたりその運動が提起している問題を考えるようになる。こういう左翼の運動方式も、一種の啓蒙活動であり、自分の理論・思想を大衆化していく方法なんですよね。啓蒙活動というのは、説法とか読書指導とかばかりではない。

選挙運動というのもそういう啓蒙というか啓発のための舞台たりうるわけですが、議会主義になってしまうと、どうしても悪い意味での通俗化になりやすい。本当に反体制的なこと言ったって、なかなか理解されないし、票にすぐには結びつかない。それどころか、本当に反体制的なことを言うと票が逃げてしまう（笑）。そこで体制内的改良という俗耳に入りやすいことばかりを言うことになる。そうなると自分たちの思想性、新しい思想を大衆化できない。デフォルメにつぐデフォルメで。仮にそういう次元でいったん議会内多数派になっても、本格的な変革はやれない。やりはじめたとたんに選挙した大衆がはなれてしまいますから。また、そういう日常的利害と改良主義で投票した程度の支持者層では、反革命暴力に対して十分の力にはならない。革命的な思想性と組織性をもった大衆でなければ、そういう力にはなりませんからね。

旧左翼の議会主義では革命をやれないというところから、新左翼が登場したわけですが、体制の壁ばかりか旧左翼の壁が厚いんで、そうドラスティックにはいかない。マルクス主義というのは単なる知識ではなく、革命運動、ひいては共産主義社会建設運動の実践を嚮導《きょうどう》する思想なんで、生き方そのものを規定する。といっても宗教的な戒律ではなく、実践活動の論理や組織活動の論理から出てくることなんですけれど。

日本人の理論水準とオリジナリティについて

五木　たとえばヨーロッパでもシモーヌ・ヴェイユの書いたものなんか読んでると、日本人以上にストイックな感じがあるような気もするんですが。

廣松　国際比較論を始めるつもりじゃありませんけれど、日本人は武士道的でストイックだというんだけれど、そのわりには融通無碍なところもあるでしょう。建前はこうなんだけれども、そこはまあまあ……とかいってね。その点ヨーロッパ人は徹底しているんじゃないかと思うんです。

五木　日本人には妙な知恵があるんです。たとえば敵をトコトンまで追いつめてはいけない、九分ぐらいで相手に一分の逃げ場所を残しておかなければいけないなんていう。向うの人は、死んだ人でも確認するためにもういっぺんピストルで脳天を撃つ。いつだったか、田村泰次郎さんがフランスで横断歩道を渡っていたのに、車にはねられて大ケガをした。すると、その後きれいなお嬢さんが花束を持って見舞いにきたので「いや、私のほうもちょっと不注意でした」といったら、裁判のときにそのお嬢さんが、「私が不注意でした」とあの人は発言したといわれて一銭の賠償金もとれなかったとか（笑）。習慣の違いといえばそれまでですけど、日本人の考え方の基本にあるのは渡る世間に鬼はないですか、性善説ですよね。だから他人を見たら敵と思えではなく、たとえば哲学というものにも、ある徹底性というか、ドイツ人のもっているようなトコトンまで追いつめる合理主義が希薄でしょう。

廣松　そうですね。ただし、ものを考える次元での徹底性というのはかなりあるんじゃないでしょうか。だから、数学にしろ理論物理学にしろあるいはまた理論経済学などにしても、理科文科を問わずいろんな分野で、ロジカルに突きつめなきゃならない仕事で、国際的にみても第一級の成果が挙がっているのだと思うんです。ところが論争は起らないんですね。文字通りの意味での論争がまず起らない。文芸評論の方面なんかで論争めいたものがあるといわれるかもしれないけど、外から見てると、あれはお芝居じゃないかという印象でしてね。伸るか反るか式の論争じゃない。わかんなきゃしょうがないというかたちで、あとはほっとけになる。自説を押しつけようとはしない。自分ではわりと徹底して考えぬくけれども、しかし、別の意見に対してそう攻撃的ではない。そのことがとりわけ文科系の分野での理論形成において、裏目に出ているのか、表目が出ているのかわかりませんが、何事かを主張するさい、いろんな学説を踏んで、いいところがあったらそれを取り入れよう、それを包摂しようという姿勢があるんですね。仏教的な伝統かもしれませんがね。それが、一定の局面にきたらプラスに出るのではないかという期待を私はもっているんです。

ところがいままでの段階では、それが必ずしも表目に出ずに裏目に出ているむきがある。というのは折衷論が出てくるという意味じゃないんです。他人の学説を取り入れるのに時間がかかりすぎる。自然科学みたいに枠が決まってて、これだけわかったらそれでヨーロッパ人の言ってることがひととおりわかった、といえるような学問の分野はいいですよ。ところが哲学なんか都合の悪いほうの典型かもしれませんけど、外来のものは発想法が違うのでひととおり理解するだけでも時間がかかる。宗教や文化の背景を知るのも容易ではない。そのうえ、ギリシア以来の歴史が古いし、それをひととおりは全部押えてみようじゃないかということでやってますとね、海外の他人の思想を勉強しているうちに齢くっちゃって、いざ考えようという段になると、もう脳細胞が老化してしまっていて頭が回転しない。それからまた、すばらしいことを思いついたようにそのときは思っても、いろいろ読んでみると過去に似たようなものがある。特に問題意識をもって読めば読むほど、読み込みをやってしまいますから、本当は元の著者はそんなこと考えてないのかもしれないけど、ああ、自分とほとんど同じような考えがもうすでに書かれているということで、せっかく思いついた芽をそこで捨ててしまう。自分が考えついたのとわりと近いことを言っている過去の思想家に没入して、その思想家の研究家になってしまう。そういう事情からいままでは、先人の学説をマスターしようという姿勢・態度が裏目に出ることが多かったと思うんです。しかし、これくらい国際的な視野も拡がってきますと、先輩の研究に学ぶことで短時日に海外の学説についてもひととおりのことはマスターできる。そのうえ、これは反面では危なっかしいんですけれども、とにもかくにも日本が経済大国になって、もはや欧米に学ぶものなしといった自負が生まれてきている。そういうことがありますから、よく言えば目配りがきいていて、それでいてオリジナリティももっているような理論が出てくる条件が熟しているのではないか。そういう気がするんです。先ほど二十年も経てばとおっしゃいましたけど、案外、哲学の世界でも何かが出てくるかもしれませんよ。

狭い意味での哲学の分野で、いまの日本において国際的な水準での先端の仕事をしているのは分析哲学系統の人たちだと思うんです。私にいわせれば、分析哲学は世界観も単純だし、やってる仕事も単純ではないまでも、個別的・局所的でして、どっちかというと自然科学系の仕事と似たようなところがある。だからこの方面では世界的にトップクラスの水準の仕事ができるはずだし、現にやっている。それ以外のところになりますと、たとえば実存主義のある大家が、日本ではついに実存主義の立場からのオリジナルな仕事が出ませんでしたと完全に過去形で言っておられます。言われてみるとそうなんですね。実存主義の研究ということでいえば、日本は相当な水準だと思いますよ。しかし、日本の実存主義哲学者でオリジナルな展開をやってみせたものとなると、ないとはいえないまでも、少ないんですね。その点、文学者のほうでは実存主義的なすぐれた作品を書かれた方もいらっしゃるんじゃないでしょうか。実存主義は哲学としてはどっちみち駄目かもしれませんが、そういう系列のものでも、オリジナルなものがそろそろ出てくる局面にきているようにも思うんです。

哲学における新しい構図

五木　いろいろな文化の領域で、すぐれたもの、あるいはオリジナルなものが生まれるについては、やはりなんらかの条件が整うことが必要だろうとぼくは思うんです。スポーツの分野でもそうでしょう。裾野が広ければ広いほど、いいプレイヤーが出てくる。

廣松　経済的な基盤がある程度確立すると文化的な方面でもいい結果が出てくる。歴史的にみてもそういう一般的な傾向が認められますよね。単に経済力の水準の問題ではなく、社会的なヴァイタリティが問題になりますけれど、そういう基礎的な条件からいうと日本でもそろそろ歴史を先取りするような新しい文化が出てきてもおかしくない。

五木　だと思いますね。そしてそれが現われてくるのは、やはり下位文化と呼ばれるところからなんだろうという気がするんです。そういうところが先に変って、それから上のほうが次々と変っていくわけなんで、たとえば順番をつけるのはおかしいけれども、クラシック、オペラとあって、下のほうに流行歌があるとすると、まず変りはじめるのはその流行歌でもいちばん下の艶歌あたりからでしょう。

しかし、いま日本はとてもおかしな方向へきている。いわゆる時局というか、国策というか、そういう方向へ非常なエネルギーを集中しているようにみえる。能力のある人たち、すぐれた技術をもった人たちが、昔の満鉄のようなかたちでどんどん動いていっちゃうんじゃないかという気がなんとなくしますが。

廣松　なるほどね。たとえば三木清の哲学、これは当時におけるマルクス主義の国際的な水準からみると教条主義者に言わせれば三木清なんてマルクス主義とは関係ないというかもしれないけれども相当に高いものだったと思うんです。それから京都学派。西田や田辺の哲学は、やはり大正デモクラシーに象徴されるような時代の哲学でしょう。高坂正顕、高山岩男というような思想家、彼らは右翼ですから私は立場としては反対ですし、彼らの歴史哲学その他にそのまま頭を下げる気は毛頭ありませんけれども、当時の国際的な哲学の水準からいって決して低くはない。良し悪しは別としてオリジナリティもありますしね。九鬼周造の『「いき」の構造』みたいなユニークなものもありますし、左右田喜一郎、和辻哲郎、高橋里美、それに由良哲次や池上謙三あたりの仕事にしても、当時の国際的な水準の仕事だったと思うんですね。

戦後派の場合、哲学に関しては残念ながらそういう大物というか、アクの強い体系家ということになると、絶対的な水準はかなりレベル・アップしているにしても戦後三十年も経ちますけど、いまのところ目立ちませんね。

五木　そういえばそうですね。ぼくなんか読んだこともないけど、西田幾多郎とか田辺元、三木清とかという名前は知ってますよね。そういう教祖的というか、巨大な存在は現代では……。

廣松　出てないんですよね。碩学は何人かおられますし、梅原猛さんみたいに別の畑で旋風を捲き起した人はいるんですけどね。

五木　この間、ある出版社の人が、三木清の『人生論ノート』が依然として根強く売れ続けている。しかし、ただそれを守っていくだけではいけないから現代の哲学者の著作として三木清の『人生論ノート』にあたるようなものを出版したいと思っているんだけれども、なんかいい知恵はないかというふうなこと言ってましたけど。そういう意味では三木さんというのは専門家以外の人たちとのコミュニケーションを、死後まで保っているわけですね。

廣松　そうですね。その三木清も体系的な仕事を残す前に死んでしまいましたしね。波多野精一の追悼の言葉でいえば、所詮は評論家だったと言われざるをえない。

五木　所詮は評論家か。それもいいじゃないですか。そう見てきますと、いまは哲学にかぎらず、たとえばトルストイとかドストエフスキーのような突出した巨大な存在が出てこない時代なのかもしれません。

廣松　前にもちょっと申しましたようにきれいにまとまった体系ということになればそれができるのは時代の終熄の時期なんで、いまが思想史的にみて新しいパラダイムの成立期だとすれば、きれいにまとまった体系ができないというのはわかるんです。しかし、新しい構図ぐらいは出てもよさそうなんですよね。

五木　構造主義が流行したときには、まるでレヴィ＝ストロース構造主義以外の学問は学問でないかのようなことをいう人もずいぶんいたみたいでした。去年、レヴィ＝ストロースが来日して「構造主義は決して現代の哲学ではない」という意味のことを言ったそうですけど、前に途中まで話された構造主義についての話を、いまの話と絡めてうかがいたいんですが。

廣松　一九六〇年代になって、いわゆる構造主義が主義として登場したさい、何に対するアンチテーゼを意識していたかといえば、人間主義、わけても実存主義に対するアンチだった。実存主義と構造主義との関係は、第三者的にみるとわりと連続性もあるんですね。実存主義といえどもヘーゲル以後の現代哲学ですから、関係主義の流れに棹さしている。そのことは、キェルケゴールの「自己」の定義、ハイデッガーやサルトルの「世界－内－存在」という押え方などをみればわかります。それから意識の不透明性ということでも、日常性への埋没といった議論、頽落論や自己欺瞞論などをみてみれば、そういう面を取り込んでいる。そのうえ、ハイデッガーなんか「構造」ということをすら強調しているわけです。

しかしもちろん、断絶面らしきものにも目を向ける必要がある。高踏的な言い方を恐れずにいえば「実存」というのはデカルト的なコギトの最後の変形態ともいえるわけで、実体性が希薄になっているとはいっても、ぎりぎりの主体性であって、それは突き放していえば、主観－客観図式をも超克しているとはいえない。それから、実存としての人間というのは神のほうへと出て立つ我であって、神に代る我ではないにしても、やはり特権的な存在なんですよね。神を立てないサルトルでも、人間は決して普通の意味での特権的な存在ではないこと、ただ人間自身にとってのみ特権的な存在にすぎないこと、こういった弁明をしますけれども、全体的な人間の位置づけからいえば、実存主義ではなんといっても人間が特権的な存在として位置づけられている。ところで、人間中心主義というのは、近代イデオロギーの基幹のひとつですから、これは近代知というか歴史的近代、ひいては、近代イデオロギーと運命を共にすべきものであって、いまや人間中心主義が超克されねばならない、そういう局面にきている。という次第で、ミシェル・フーコーが「人間の消滅」を予言し、ジャック・デリダがそれを理論上「執行」するに及んだ。こういう文脈で、人間主義であるかぎりでの実存主義へのアンチテーゼになるわけです。そのさいの道具立てというより存在論的了解の場面で、実体主義に対する関係主義とか、意識概念の再検討、そのことに絡んで言語というもののとらえ直しとか、こういう構造主義の諸契機が生かされるわけなんです。

構造主義者たちは、マルクス主義をも人間主義の一形態とみなして批判します。しかし、それは初期マルクスの人間主義に定位した西欧マルクス主義というものについての一定の批判ではありえても、本当のマルクスを批判したことにはならない。われわれから言わせれば、初期のマルクスがフォイエルバッハの人間主義やシュテイルナーの実存主義といったヘーゲル左派イデオロギーや、空想社会主義が体現するに至っていた啓蒙主義イデオロギーを批判的に超克することをとおして、後期の固有思想を形成する場面で遂行したことを構造主義はむし返したにすぎない。アルチュセールはこのことをある程度自覚していたはずですが、ほかの構造主義者たちは既成のマルクス像、わけても西欧マルクス主義という虚像をターゲットにしましたから、自分たちはマルクスをも批判的に超えたつもりだったようですね。一方におけるロシア・マルクス主義、他方における西欧マルクス主義、この相補的な対立の状況では構造主義者たちの多くが、マルクスが百年以上も前にやったことのむし返しだとは気づかなかったにしても、責めてばかりはおれませんけれど。もちろん、構造主義の具体的な論点となるとむし返しとはいえない面があるし、他方では、マルクスには構造主義以上の論点もある。このことはいうまでもないと思います。

私はいま、構造主義が現代社会の階級構造といったことや現代社会の世界史的な位置づけとか、こういう社会主義思想にとって逸せない方面について概してどういう見解をとっているか、この点から述べるのはさしひかえます。また、構造主義が人間主義を批判するさいに、近代知の地平においては人間主義と相補的対立形態となる科学主義をどのように同時に超えているのか、しばしば自分自身一種の科学主義に陥る傾向をみせていないか、この点についても目をつぶることにします。このように土俵を限定してもなおかつ、彼らは「構造」とはそもそも何か、「構造」とは存在論的にみていかなる存在であるか、という肝心のところで問題を残していると思います。

構造主義者といっても、狭い意味での哲学者ばかりではないのでこういう方面での議論が甘くなるのはある程度やむをえないのかもしれませんけれども、彼らのうちには「構造」なるものがあたかも対象物のごとく転がっているかのように扱っている者が少なくない。「構造」は物質ではないし、イデア的な存在でもない。それでは、一体どういう存在なのか。また他方では「構造」というのは、そういう物的な対象ではなく、実際には集団表象、集団観念にすぎないと言う者もある。仮にそれが正しいにしても、それじゃそういう表象、つまり共同観念があたかも対象的実在性の相で現前するのはどうしてなのか、それがなぜ諸個人に対しては外的に実在し、外的に行動を規制するものという現われ方をするのか、この点の説明が必要なはずです。しかし、彼らはその説明をしない。説明ができないわけです。「構造」と呼ばれるものの特質を枚挙したり、それが普通の事物とも普通の観念とも違うことを指摘したりすることなら誰でもやれる。しかし、「構造」なるものを存在論的・認識論的に規定するためには、それこそ近代知の地平を超えなければどうにもならない。「主観―客観」図式や物心二元論ではどうにもならないわけです。しかるに、彼らはその点が十分でないので「構造」そのものを存在論的・認識論的に規定できない。

ここでちょっと私自身のことばで考えを述べさせていただきますと、「構造」とは何かという問題に答えていくためには、「主観―客観」図式を超えつつ、また間主観性ということを基礎づけつつ、「質料的契機―形相的契機」それに「対自―対他」という次元を絡めた「四肢的構造」のパラダイムを立てる必要があると考えます。そして「物的世界像から事的世界観へ」の転回を図ることが必須だと考えるのです。「関係の第一次性」というテーゼは、実体の第一次性という伝統的な存在観に対するアンチテーゼではありえても、所詮はアンチテーゼという消極的なものであり、積極的に規定する場合には、四肢性に即して「事」ということでとらえ返したいと思うのです。そのことによって「事物」的存在観の地平に対する「事態」的存在観という、前に申した問題圏や、さらには時間論、様相論といった存在論・認識論の問題圏も統一的にとらえ返せるはずだと考えているんです。「構造」というように、物質的実在そのものでもなく、また、単なる主観的な観念でもない類いの存在、それは法則とか価値とか数理的形象とか、さらにはまた伝統的な実念論と唯名論との対立のもとになってきた「類」とか「種」とか、ほかにもいろいろあるわけですけれど、近代的な物心二元論の地平では、こういう「妥当」といわれる存在者はとらえきれない。近代以前の形而上学でとらえきれないのももちろんです。「四肢的構造」とか「事的世界観」とかが問題になるのは、決して、単にそういう「妥当」の存在性格を説明するための道具立てとしてではなく、まさに現代哲学の地平そのものの開示という次元に関わることとなんです。

五木　マルクスは、そうした「構造」なるものについてなんらかの考察をおこなっているわけですか。

廣松 マルクスの場合について、そういう「構造」とか「制度」とか「価値」とかいうような「妥当」の存在について彼はどのような説明と存在論的規定をおこなっているか、この点を話題にしておきますと、それは一口でいえば、マルクスの「物象化」論ということになると思います。主観的なものが客観化されるということであれば、これは「主観―客観」図式の枠内で、「疎外論」で説くこともできる。しかし、疎外される主体、自己疎外の主体というものを実体として立てるわけにはいかない。後期のマルクスはこのことに気がつくわけですね。人間の本質とは社会的諸「関係」の総体であるというテーゼがそこから出てくる。また、「意識とは環境に対する関係である」という命題が出てくる。それでは、「社会」なり「環境」なりが実体としてあるのかといえば、そうではないので、これまた関係として規定される。この関係はしかも、主体的な契機から切り離された物理的存在ではなく、そこにいわゆる〝主体的〟な契機を内包する関係なんですよね。さらにいえば〝主体的〟契機といっても、それはコギトではないし実存的な個体ではない。はじめから、「対自―対他」の間主体的な協働の項なんです。そういう第一次的な存在であるところの「関係」が当事者の意識にとっては物象化されて現われていること、およびその機構をマルクス・エンゲルスはとらえる。そのことが、『ドイツ・イデオロギー』では、歴史の法則とか国家権力の存在とかを問題にしながら説かれるし、『資本論』では価値や価値形態に即して、ひいては商品・貨幣・資本の物神性などに即して説かれている。ここでは、マルクス・エンゲルスの「物象化」論そのものを主題的に紹介する時間もありませんけれど、ともあれ、構造主義が自分の基礎範疇の存在論的・認識論的規定をやれずにいる部面を、マルクスはまさに物象化論の論理で解明しているわけです。初期のマルクスは、まだ、ヘーゲル学派の疎外論の論理で考えていましたから、そこには「異なる存在は単に実体であるばかりでなく主体でもある」というヘーゲル主義的な考えが残っていましたし、ヘーゲル左派の人間主義の大枠を脱していませんでしたけれど、後期のマルクス・エンゲルスは唯物史観の確立と同時相即的にそういう実体主義と人間主義とを超克するに至った。ついでに申しますと、『経哲手稿』の時代のマルクスはまだ唯物論の立場をとっておらず、「唯心論と唯物論とのどちらでもなく、かつ両方を統一する真理の立場」なるものを標榜していたんです。疎外論から物象化論への推転というのは、マルクスの場合、唯物史観の確立だけでなく、唯物論の標傍とも同時だったわけです。

話をもとに戻しますと、構造主義者のうち、特異なマルクス主義者であるアルチュセールとその学派は、だいたいにおいて、初期マルクスから後期マルクスへの推転のもつ意味をとらえておりますから、マルクス主義を人間主義と規定して批判するような見当はずれはやりません。ところが、他の連中は初期マルクスに定位した西欧マルクス主義の虚像に幻惑されて、マルクスを人間主義だとみなして批判したりします。もっともフーコーなんか、その後自己批判してマルクスの評価を変えたようですけどね。構造主義者は、要するに肝心の「構造」なるものの真の規定に成功していないし、「人間の終焉」のさせ方もどうも釈然としない。今後に待つべきかもしれませんけれど、ブームの時期は短かったようですね。

現代哲学と物理学

五木　構造主義にはそういう難点があるということで新哲学派と呼ばれる一群が登場したということなのでしょうか。聞くところによると新哲学派は、どちらかというとマルクス主義に対する批判が主要なモチーフのようですが。

廣松　新哲学と称するフランスの最新の哲学は理論内容がはっきりしませんが、なにかしらマルクス主義に対する怨念みたいなものが目立ちますね。マルクスは駄目だ、マルクスは死んだ、とさかんに彼らは言いますけど、どういうふうに駄目なのか、どういうふうに死んだのかを明確には語れないんです。新哲学派といわれる人たちは五月革命のときはバリケードのこちら側で頑張った者が大半のようですけれども、運動の挫折とマルクスの終熄とを二重写しにしているようですね。日本でも六〇年安保闘争のあと、かつての全学連の闘士の一部にマルクス離れが起りましたよね。彼らがマルクスをどの程度まで理解していたかは評価が分かれますけれど、彼らはロシア・マルクス主義のフィルターを通したかたちであれマルクスを一応は知っていたし、トロツキーも読み、またロシア・マルクス主義の枠には納まらない初期マルクスについても知らなかったわけではない。なかには『資本論』その他マルクス・エンゲルスの文献を相当つっこんで読んでいた者もいたわけです。ですから、六〇年安保後に日本でマルクス離れを起した連中の主張には、賛否はともあれ一応のマルクス論がある。それに対して、フランスの新哲学派はサルトルを読んだ形跡はあっても、マルクスを読んだ形跡が彼らの書くものからはうかがえないといってもいいほどでしてね。若い連中のことですから肉づけはこれからなんでしょうけれど、いまのところでは、ジャーナリズムのあだ花って感じを免れません。これは私の偏見から言うのではなく、公平な第三者の目からみてそう言えると思いますよ。しかし、文章はパセティックで小器用のようですし、反共キャンペーンの一翼としてもてはやされるかもしれませんね。でも、現状では「新哲学」の名が泣くでしょう。

五木 現代は科学技術が非常に発達している時代でしょう。そのことは現代哲学とは関係がないわけですか。カントがニュートン物理学の哲学的な基礎づけをやったというようなことがよくいわれるようですが、それにあたるような仕事が現代哲学にはないのかということなんですけど。

廣松 当然あってしかるべきなんですがねえ。現代哲学の諸流派のうち、分析哲学の方面では多少ともコミットしてますし、マルクス主義者も無関心というわけではありませんけれど、成果らしい成果ということになりますと……。ちょっとコメントがいりそうです。

現代の自然科学というとき、一般相対性理論が一九一〇年代、量子力学が二〇年代の末ですよね。この時期に大きな節目がある。その後も、もちろん自然諸科学が発展してきたには違いないけれども、存在論や認識論の次元に直接関わるような自然科学上の大躍進は一九三〇年代のはじめで頓挫している。行きづまっているのは哲学だけでなく、自然科学もやはり三〇年代以後停滞しているわけです。そうは言っても、四〇年代以後に、原水爆や宇宙ロケットができ、分子生物学が発達し、という具合に大発展があるではないかと指摘されるかもしれません。しかし、それはいわば技術的な応用であったり、物理学的な基礎理論にもとづいて他の分野での応用的な展開があったということなので、自然科学のパラダイムの変化といった次元でいえば、この半世紀ほどは自然科学も停滞していると言わざるをえない。

それでは、今世紀はじめの三分の一世紀に自然科学、わけてもその基礎になる物理学の場面で生じたパラダイムの変化に関してなら哲学がすでに対応ずみなのかというと、これだけ時間が経っているのにどうもパッとしない。こういう方面はもともと認識論の仕事なんですが、その認識論が第一次大戦後、はやらなくなってしまった。そのことが原因のひとつであることはたしかです。

哲学の側では、もちろん相対論や量子力学に無関心だったわけではない。そのことは、ベルグソンや田辺哲学などをみてもわかります。自然科学にうとそうな哲学者たちまで、現代物理学のことは結構意識しているんです。しかし、認識論的、存在論的な基礎づけというような仕事に取り組んだ哲学者はそう多くはない。新カント派の最後のひとりともいうべきエルンスト・カッシーラーなんかは、一応は相対性理論に正面から取り組んでいますけどね。彼にしても量子力学には事実上コミットできていない。そのカッシーラーのあと、哲学者で自然科学のわかる人が少ない。自然科学から哲学にきた人はいるけれど、彼らは概して哲学がわからないというこ とのようですね。

現代物理学をめぐる哲学論議は、自然科学者たち自身の論争を含めて、かなりかまびすしいけども、正面から認識論的に基礎づけてみせたものはないというのが現状です。マルクス主義のサイドでは、二〇年代三〇年代には、かなり現代物理学にコミットしてさかんに議論していたんですが。しかし、レーニンの『唯物論と経験批判論』が相対性理論以前でしょう。しかも、レーニンが当時における新物理学についても一定の発言をしている。それが教条主義化されるとどうしても手足がしばられてしまう。ここで、あのマッハ主義がひょんなかたちで問題になるんです。アインシュタインの相対性理論にせよ、量子力学のハイゼンベルグの仕事にせよ、マッハの影響が大きい。アインシュタインやハイゼンベルグが彼らの新理論を構築するにあたって、マッハ哲学がオリエンテーションを与えるかたちになったということは、本人たちが回顧しているとおりなんですね。しかし教条主義者たちのあいだでは、レーニンが『唯物論と経験批判論』でまさに批判の対象にしたマッハ主義へのアレルギーがありますので、相対論や量子力学を「マッハ哲学の物理学版」ということで叩こうとする傾向がおのずと出てくる。

現に、スターリン時代の一時期、ソ連では相対性理論がマッハ主義の物理学版だというかどで禁圧された始末なんです。そうなると、原子物理学者たちは仕事ができないはずで、原水爆をつくることもできない道理ですけど、そこは、建前と本音を使いわけて、実際の仕事を進めたんでしょうね。そういう状況では、哲学者たちは本格的な取り組みはできないわけで、自然弁証法の例証といいますか、現代物理学はいよいよ自然の弁証法的な構造や法則性を明らかにしつつある、ということをもっぱら事例的に拾い上げてくるぐらいの仕事しかやれない。

五木　マルクス主義にせよマッハ主義にせよ、科学に対する認識論的な基礎を築く役割を果そうとしたわけですね。その点、実存主義や分析哲学はどうなんですか。

廣松　実存主義というものはもともと科学の認識論的基礎づけというようなことには関心をもちませんし、認識論への反発から生まれたものとも言えるほどですから、ここでそういう仕事がないのはやむをえない。その点、実存主義と関係の深い「現象学」はもともと認識論の基盤から出てきたものであり一種の認識論でもあるわけですから、現象学では現代物理学の基礎づけをやってもよさそうなんですが。現象学はフッサールが元祖で、ミュンヘン学派とも呼ばれる初期現象学派を擁しましたし、その後、ハイデッガーやサルトルは現象学を方法として使ったとはいっても、実存主義という別枠で括られますが。メルロ＝ポンティみたいな現象学者もいるわけでして、初期であれ後期であれ、物理学の認識論的基礎づけをやる人が出てもおかしくない。しかしフッサール自身は数学の出身でもあり、数学の基礎づけはやりましたけれど物理はやらない。あとの人たちもどちらかというと社会科学と人文科学の方面を手がけて、物理の方面はやらない。現象学のあの手法では、現代物理学の基礎づけは無理だと思いますね。もっとも、現象学派で物理学の基礎づけをやろうとした人間が全然いないわけではない。これは純然たる現象学派ではなく、出身からいうと新カント派なんですが、ニコライ・ハルトマンなんか、一応は壮大な自然哲学を体系化しております。しかし、評価はあまり高くないようです。

分析哲学は、その点、この方面に元来は強いはずなんですけど、論理のほうに関心が行きすぎたせいか、必ずしも正面から扱ったとも言えない。カルナップが『物理学の哲学的基礎』を書いたりしていますけれど。この系譜からは、しかし、科学史的な文脈でパラダイムの変化の問題が主題化されましたし、ハンソンとかファイヤーアーベントとか、科学理論の構造そのものが扱われていますので注目に値するとは思います。分析哲学と科学史、いわんや科学社会学を一緒にはできませんけれど、トーマス・クーンのパラダイムの理論などで脚光を浴びたこの派の人たちの仕事というのは、柄谷行人君がどこかで「クーンは仮面をつけたマルクス派だ」という言い方をしてましたけど、マルクス主義のイデオロギー論とも一脈相通ずるところがあります。

科学社会学というのは戦前の知識社会学、シェーラーとかマンハイムとかの社会学的認識論が文科系の諸学を内容としたのに対して、自然科学を対象とする一種の社会学的認識論であり、さらには科学者というものについての社会学的研究でもあるんですがね。この科学社会学は、ウェーバー派のマートンが戦前から拓いていたものという系譜からいえば、マルクスではなくウェーバーにつらなるわけですが、発想からするとむしろマルクス主義のイデオロギー論と相通ずる。そのことは、マンハイムの知識社会学について言えるのと同様です。この方面では、今後マルクス主義との自覚的な交流が始まるかもしれないという観点からも注目していいと思います。しかし、相対論なり量子力学なりの認識論的、存在論的な基礎づけという段になると、まだ体系的にはおこなわれていないのが現状というべきでしょう。

五木　構造主義ではどうなんですか。先ほどのお話からすると、構造主義からはそういう仕事が出てきてもよさそうな感じがするんです。

廣松　現状ではなさそうですね。いわゆる構造主義者たちは、数学を別にすればやはり文科系の各分野に属しますのでね。しかし、ガストン・バシュラールのエピステモロジー。この言葉は単に「認識論」という意味ですけれど、バシュラールの場合にはわざわざ科学認識論なんて訳されたりしますが、そういったものが再評価されていますし、現代物理学の認識論的・存在論的な構造に関する関心は高いといってもいいように思います。だが、どうしてバシュラールなんですかね。水準が低いとはいいませんけど、ちょっとナショナリズムというか、おらが国さの感じでね（笑）。古いものを見直そうというのであっても、もう少しましなのがフランス以外にあるんですけどね。

現代哲学というとき、例の三つの流派には直接入らない一匹狼やマイナーな学派は無視するかたちになりましたけど、バートランド・ラッセルと一緒に『数学原理』を書いて、その後アメリカに渡っても活躍したホワイトヘッドなどの哲学は、東洋思想をもとりこんだ形而上学的なものらしいですが、現代科学への哲学的対応という観点からは逸せないと思います。ここでは名前を挙げるだけにとどめますけれど。

【マッハ（一八三八～一九一六年）】
オーストリアの物理学者・哲学者。ニュートン力学が前提にする質量、絶対時間・絶対空間の実体的性質を批判し、アインシュタインの相対性理論の成立に影響を与えた。要素一元論を主張し、物体は、色、音、熱、圧等の感覚的諸要素が与えられることで、その背後に存在すると想定された思考上の記号にすぎない。しかし、感覚的諸要素は特定の函数的依存関係のうちに、つまり一定の条件の下で感じられるものであるから、主観的なものではない。

閉塞状況からの脱出

五木　芸術哲学とか、そういった方面で見るべきものといえばどんなところでしょう。現代の哲学として。

廣松　そういう方面には、私がうとすぎるということもありましょうが、これというほどのものはないんじゃないですか(笑)。「生の哲学」のディルタイ、彼からは「解釈学(ヘルメノイティーク)」と呼ばれる一派というよりひとつの傾向が出てまして、ヘーゲル美学に詳しいガダマーなんて人がいるんですが。どのみち、現代では「芸術」なるものが複雑化し多様化し、そもそも芸術とは何かがはっきりしない状況になっておりますでしょう。だからこそ芸術哲学の体系的確立が要請されるには違いありませんけれど、個別的には深い省察があるにしても、まだまだ体系的で壮大な芸術哲学が登場するところまでは行ってないようですね。

五木　芸術にある程度関連してくるものとして、倫理学とか宗教といった面を展望しますと。

廣松　現象学派時代のシェーラー、それからハルトマンの体系からあとその前に、新カント派のヘルマン・コーヘンの体系が、倫理学にも美学にもあったんですがこれといってなさそうですね。和辻倫理学があるといえばありますけれど。
キリスト教文化圏では、キリスト教倫理の枠組を前提しない倫理学というのは容易に出ない。それが障碍かもしれません。マルクス主義の側では、カウツキーのものがありますが、スケッチにすぎませんし。しかし、ある意味ではいまほど新しい倫理学が求められているときはないとも言えるんでしょうけどね。
その点、宗教哲学はキリスト教神学を含めて、大きなうねりを見せているようです。でも、これは無神論者である私の立場的偏見かもしれませんが、宗教社会学ならば別ですけど、宗教哲学とか神学とかは所詮現代哲学という観点からは……（笑）。一口にいって、現代哲学はさまざまな課題を背負い込んでいるし、いまほど哲学の新展開が要求されているときはないと言えるんですけど、閉塞状況に陥っているということでしょう。出口なしとまでは言いませんし、真剣な模索が続けられてはいるのですが。

五木　そう言われてしまうと困るんですが（笑）、社会哲学というか歴史哲学、それに自然哲学まで統一したような、そういうグランド・セオリーみたいなものは現代哲学でもなかなか出てきそうにないということになってしまうわけですか。

廣松　そうには違いありませんが。哲学が現在の閉塞状況から脱出するためには何が必要かということは、ある程度まで哲学者の間で共通の了解みたいなものができかかっているように思うんです。

それを私なりの言葉で申し上げれば「主観―客観」図式という近代知の地平を画してきた構図をどう超克して新しいパラダイムを形成するか、ということになります。感性と知性がバイメタルであるような二重構造をもった近代合理主義の破綻とか、人間主義と科学主義との相互補完的な対立とか、いろいろなことがそこから言えます。

いまの話と関連させていえば、近代の「物―心」の二元的分離、「主―客」の裁断にともなって自然と歴史、自然と人間、自然と社会とかいろんな言い方ができますけれど、客体自体である「自然界」と、人間という主体による所産である「文化界」とに、世界が区分される。なるほど、素朴な唯物論の方式で、または主観的な観念論の流儀で両者を一元化する試みもありましたけれど、それによって両者が真に統一的に把握されたとはいえない。「自然」と「文化」とは、いわば別々の存在であり、別々の法則性をもつもののように扱われ、そのことが諸科学の分類にも投影されてきたわけです。無理に統一すればいいというものではありませんけれど、二元化のもとのところから実は間違っていたのではないか、そういう了解がはば固まってきていると思います。

五木　「物質」「精神」というものについて根本的な再検討が問題になるということですね。

廣松　ええ。物質というとき、古典物理学的な物質像が近代の常識になってきましたし、精神というとき、それを各人の内部に閉じ込めるようなイメージで考えるのが近代では常識になっていましたよね。しかし、精神とか意識とか呼ばれるものは、各人の内に宿る実体的な霊魂ないしその機能であるわけではない。意識を各人に内在化させてしまうと他人の意識というものは原理上理解できないことになる。意識している以上、それは私が他人の意識だと思い込んでいる「私の」意識にすぎないということになり、意識というものは「私の」という枠をどこまでいっても破れないことになる。つまり、私は私の意識しか知ることができないということ、裏返していえば他人の自我の認識は不可能ということになってしまうわけですね。他人だけでなく、客観について考えても、認識されているかぎりでの対象は「私の意識の内部」にあるわけで、客観自体は知ることができない。知ることができるのは私の意識内容だけだ、ということになってしまう。しかしながら、本当は精神とか意識とか呼ばれるものは、そんなものではないのではないか。そこで意識というもののあり方、意識と身体ひいては外界との関係、これを根本的に考え直す動きがでてくる。

先ほど、私は「四肢的構造」ということを申しましたが、このことが実は意識と呼ばれるものの本源的な「共同主観性」「間主観性」ということの基礎づけとも関係するのです。マルクス・エンゲルスは「共同主観性」というような言葉こそ使っておりませんが、「意識は本源的に社会的である」「言語が成立してはじめて意識が成立する」という命題や「意識とは環境に対する関係である」という命題などで、いちはやく意識の間主観性、つまり共同主観性を言っており、近代哲学の地平を画してきたような意識や主観の概念を超えていたことがわかります。

一方、物質概念のほうも、一般相対性理論や量子力学の成立にともなって、もはや古典物理学的な物質像は否定されるようになった。実体主義的な物質観は、時間・空間についての古典的な見方とも不可分でしたが、それに代って関係主義的な物質観、時空観が確立してくる。しかも、主観と客観とを分離できないことが、量子力学によって追認されるかたちになってくるわけですよね。古典物理学の自然像が機械論的であり非弁証法的であったのに対して、現代物理学の自然像が弁証法的な存在観にかなっていることはたしかなんです。現代物理学では「主観―客観」図式が通用しえないし、実体主義も通用しえない。私としては、このことを視野に入れて「物的世界像から事的世界観へ」の推転ということを云々している次第ですけれど、ここでもマルクス・エンゲルスが先駆的に打ち出していたパラダイム、わけても「物象化論の論理」が生きるように思うんです。私の話はなんでもかんでも「マルクス・エンゲルスがすでに……」という議論にしてしまうといって笑われるかもしれませんが、自然哲学と社会哲学、ないしは歴史哲学を統一的に体系化するパラダイムということでは、私はさしあたり「物象化論の論理」に象徴されるマルクス・エンゲルスのパラダイムをおいてはいまのところないと考えます。サルトルも、マルクス主義は現在の歴史的段階では「乗り超え不可能な哲学」であると言っておりますけれど。

そして、「マルクス主義を乗り超えたつもりの哲学でも、現段階では、マルクスによってすでに言われていることとか、批判的に克服されているものか、そのいずれかでしかない」と彼は言いますけれどこの点では至言だと思いますね。将来には、もちろん、マルクス主義は乗り超えられるでしょう。しかし、言葉の厳密な意味で「近代から現代へ」という歴史段階では、言いかえれば「資本主義から共産主義へ」の歴史的転換の段階では、マルクス主義はパラダイムとしては乗り超え不可能であり、その意味において「現代哲学」の名に真に値するものはパラダイムとしてはマルクス主義である。私としてはそう考える次第なのです。

誤解を招かぬよう申し添えたいのですが、私はいま「パラダイムとしては」という但書をしつこいほど付けました。先ほど、マルクス主義の第一、第二の段階という言い方をしたことからもおわかりいただけるように、私はマルクス主義なるものを固定的な体系としては考えておりません。もっと大胆な言い方をすれば、マルクス主義哲学は現状では体系のかたちに仕上がっているとも考えません。それにもかかわらず、なぜ私がマルクス主義哲学を歴史の現段階では「乗り超え不可能な哲学」というのか、それをわかっていただくためには、例というか比喩に訴えると便利かもしれません。

たとえば、幾何学は非ユークリッド幾何学が登場する以前の時期にもそれなりの仕方で大発展を遂げてきましたが、しかしそれはユークリッド幾何学の内部での発展にすぎず、その意味では「乗り超え」られなかったわけですね。ユークリッドの『幾何学原理』がいくら大幅に新展開をうけたからといって、パラダイムとしてはユークリッド幾何学が乗り超えられたわけではなかった。それと類比的な意味でマルクス主義は当面「乗り超え不可能」というのです。決して、ニュートン物理学が二十世紀まで乗り超えられなかったことに類比することもできます。十八、九世紀に物理学はあれほど大発展したにもかかわらず、パラダイムは乗り超えられなかった。

話がくどくなりすぎましたが、哲学に即していえば、近代哲学は決してデカルトで完成されたわけではないし、デカルトは体系らしきものを築くことさえしなかったにもかかわらず、近代哲学はデカルト哲学の地平内での展開にすぎなかったという意味で、近代哲学においてはついにデカルト哲学が乗り超えられなかった。それと類比的に、近代哲学の地平を超克し、現代哲学の地平を招いたもの、それがマルクス哲学であり、その地平は歴史的段階としての「現代」を通じて乗り超え不可能だということです。デカルトがおよそ自分では体系を築くところまでいかなかったのと同様に、哲学において新しい地平を拓くという大事業をやった人たちはいずれも体系化の時が熟していないため完成した体系を築くことなどできないのが普通でして、マルクスが『資本論』さえ完成できなかったのは、むしろ当然と言うべきでしょう。体系的完成期というのは、一時代の終熄の時期でしかありえません。

近代哲学がデカルトの設定したパラダイムの枠内でそれなりの発展を遂げたように、現代哲学は、マルクスの設定したパラダイムの枠内でそれなりの展開を遂げることを期せざるをえないのではないでしょうか。しかるに、マルクスがあまりにも歴史に先駆けすぎたのでしょうか、弟子たちといいますか、自称他称のマルクス主義者たち自身、久しく始祖マルクスの拓いた新しい地平を見失ってきました。そして、マルクスのパラダイムをデカルトのパラダイムに還元して、人間主義対科学主義の相補的対立にみずから陥ってきた始末です。

この状況は、いまでも続いており、この状況を打破することが、マルクス主義哲学の第三段階を確立するうえでさしあたり必要であると言わざるをえないのが現状です。

第四章　現代哲学のたたかい

スペイン市民戦争への関心

廣松　マルクス主義に第三段階への飛躍を歴史的に要求する事態は、国家独占資本主義段階の確立をみた一九三〇年代から始まっております。しかもマルクス主義の哲学は、哲学とはいっても観照的な書斎の学ではなく、アクチュアルな歴史的現実と切り結ぶものであり、歴史的現実に根ざすものです。ですから、マルクス主義哲学の現在的、将来的展開を問題にするうえでも、次にはいったん一九三〇年代の世界、そこにおける社会的、文化的、精神的状況ということを話題にしてはいかがでしょうか。三〇年代の世界、そこでの象徴的な事件であるスペイン人民戦線と内乱＝市民戦争については、五木さんのお仕事と関係が深いことでもありますから。

五木　三〇年代をいま再び見直さなくてはいけない時期にさしかかっているとおっしゃいましたが、実はぼくは三二年生まれなんです。ぼくは世代論というのは信用しないんですけど、ひとりひとりが全部違いながら、やはり三〇年代のうち三五年ぐらいまでに生まれた人間にある共通した何かというのはありますね。その話の前にまず、若い読者のなかにはスペイン戦争といってもピンとこない人もいるでしょうから、スペイン戦争の時代背景についてお話しいただけるとありがたいんですが。

廣松　私は三三年生まれなんですが、三〇年代というと、二九年が世界恐慌で、その翌年、昭和でいうと五年で始まるわけですね。そして昭和六年に満州事変、七年に上海事変、そして八年にヒットラーの政権掌握、一一年に二・二六事件、それからスペインの人民戦線内閣の成立、一二年に支那事変、一四年、つまり一九三九年にスペインの人民戦線の敗退、独ソ不可侵条約、そしてポーランド分割、第二次大戦の開始、年表ふうに言いますとこういう時代ですよね。

スペイン出身の哲学者であるオルテガ・イ・ガゼーの「大衆の叛乱」という有名なテーゼがあります。エッフエントリッヒカイト（大衆性、公共性）を本能的に憎悪する実存主義の姿勢、それがプチブル・インテリの共感を呼んだ事情は、単なる社会現象ということではなく、現代哲学を語るうえでも逸せないことなんです。一九三〇年代というのは、この「大衆の叛乱」が誰の目にも明白になった時代と言うこともできるのではないでしょうか。それから、ウィーン学団の一群がアメリカに亡命して分析哲学を確立するのがやはり三〇年代ですし、国家独占資本主義が確立するのもやはり三〇年代。それはスターリン主義が国際共産主義運動において、組織的にも理論的にも一元的な支配を確立した時期ということもできる。

こうして、三〇年代というのは、現代哲学という関心からいっても、実存主義が狭い哲学者のサークルでの哲理から出て広汎なインテリの間に根をおろし、また現代哲学の重要な著作が出た時代、分析哲学がアメリカ哲学界を席捲した時代、そしてマルクス主義がこれまたヨーロッパではじめて広汎なインテリの間に浸透し定着した時代、そういう時代なんですね。もっとも、マルクス主義の場合、この時代にかつての主流であった第二インター系の社民からコミンテルン、レーニンがマルクス主義の正統としての座を完全に奪取したとはいっても、スターリン主義というかたちにおいてであったし、理論的にいうとあらためて適応不全があらわになった時代でもあるわけです。当時の目でみれば、スターリン・ブハーリン綱領で、いわば『共産党宣言』の新段階版が内外に宣明され、マルクス・レーニン主義がスターリン哲学の確立というかたちで一段と飛躍した時期、そういうふうに受け取られた局面ですね。

五木さんがスペイン人民戦線の問題について発言を始められたのは非常に早く、一九六六年つまり人民戦線内閣成立三〇周年記念の直後からだったのではないでしょうか。その当時、五木さんがどのように関心をおもちになったかというきっかけをうかがわせてください。

五木　ぼくは、二十代の後半はマスコミの世界に身を置いてたんですが、あるとき、東京での生活をすっかり清算して金沢に引っ込んだんです。それでも、少しは昔の仕事が残ってまして、ある美容業界の専門誌にファッションのあれこれを語るというふうな連載のエッセイ欄をもっていた。そのための資料をあれこれ探していたら、たまたま昔の『改造』の写真が目についたんです。人民戦線の兵士が三ツ揃いの服を着て、ズボンの裾をまくりあげて編上靴をはいている。そしてヘルメットをかぶって銃をかついでいる写真なんです。それがとても異様というか、奇異な感じがしましてね。ふつう銃をもつというと、軍服のイメージがすぐ出てきますでしょう。ところが、銃さえなければそのまま会社に出勤しそうな恰好なものだから、とても印象に残ってそのことをエッセイに書いたのが、スペイン戦争についてのいちばん初めなんです。もっとも、それ以前にジョージ・オーエルの『カタロニア讃歌』は読んではいましたけど。

そこからスペイン戦争について自分なりに調べ始めたわけです。すると、そこで粛清の問題にぶつかるんですね。「戦艦ポチョムキン」という映画がありましたでしょう、エイゼンシュタインの。あれを観ると、ずいぶんヒロイックな感じを受けますが、実際はまるで違うらしいです。記録を見ると、オデッサの海戦でも大砲を何発かボンボン撃っただけで、あちこち逃げ回ったあとに皇帝側に降伏しちゃう。それでポチョムキンという名前を剥奪されて、パンテルクモンという名前にされる。パンテルクモンというのはたしか、農夫をバカにして言う意味だったんじゃなかったかな。そんな実にあわれな名前になってしまう。だから、ぼくは「戦艦ポチョムキン」よりも「戦艦パンテルクモン」という小説でもあると面白いんじゃないかと（笑）。それはともかく、ポチョムキンの乗組員の一部は母国へ帰れず、スペインに上陸して逃げるんですね。そういうかたちで粛清の問題を調べるようになったんです。

調べてみると、たとえば人民戦線の国際旅団ですか、ああいうものに参加してソビエトに戻ってきた連中が、祖国で歓迎されるどころか片っ端から粛清されていく。それはなぜか。ソビエトは、最初はスペイン戦争に積極的にコミットしていく姿勢を見せていたにもかかわらず、勇躍参加した連中はおかしな目に遭わされるのはどうしてだろうと。スペイン戦争というのは、つまり社会主義にとっては両刃の剣のようなものだったんだろうか、という感じがありましたね。ですから、きっかけというと、スペイン戦争に参加した人びとの末路というか、そのへんに対する関心なんです。

廣松　なるほどね。そういう点では私なんかが関心をもった最初のモチーフとはずいぶん違うわけですね。西洋史にいた白川文造君という後輩が、卒論で人民戦線をとりあげたんです。だいぶ留年してたから、六一年か六二年ごろですかね。資料がないってこぼしてましたけど、論文を書けるような資料は当時はどのみち手に入りにくい。それでもなんとかまとめ始めたというので、ぼくらが当時やっていた研究会『ドイツ・イデオロギー』の輪読をやったりしていた大学院生が中心の研究会ですけど、そこでレポートしてもらって耳学問したんです。

彼の問題意識はもっと大きかったと思いますが、私の場合はスターリン主義の再検討というか、国際共産主義運動の再検討、それもトロツキーがあのような仕方でスペイン人民戦線について論じているけれども、実態はどうだったのか。そういう関心のもち方でした。つまり、コミンテルン時代の戦略戦術というか運動史を、スターリン主義の側とトロツキー主義の側と、両方の見解を実地での運動場面に即して検討しようという課題意識をもっておりました。その一環としてのスペインということでした。主たる関心はドイツやフランスに置いていましたので、そういう意味ではスペインそのものへの関心は薄かったと言わざるをえませんね。ですから恥しながら、その後、三十周年記念で翻訳が出たり、何人かの方々の著書が出たりしたときも、とおりいっぺんにしか読まなかった。

私は人民戦線というより、社民やブル民を含めての統一戦線というものについて、一般論として消極的なんです。別個に進んで同時に撃てとばかりは言いませんけれど、社民と組むなんてのはどのみちギリギリの防衛戦でしかありえないという了解なんですね。社民主要打撃論ではないかと言われかねませんが、統一戦線戦術というのは、所詮は下部をかっぱらうための戦術でしかありえない（笑）。私がそう思うのは、永続革命論を打ち出したマルクス・エンゲルスのあの『共産主義者同盟中央委員会の回状』の教条主義なんですかね（笑）。

そういうことがあって、人民戦線、統一戦線というものへの思い入れはなかったんですけど、それでもスペインでのスターリン主義者のやりくちには、やはり義憤を感じましたね。独ソ不可侵条約はパワー・ポリティクスの次元でまだしもわからぬではないが、ポーランド分割のときにとった措置なんかと重なりますからね。「灰とダイヤモンド」なんていう映画を観ましたから、そういう点は理屈だけではなく、いくら鈍感でも感性的に受けとめました。芸術の力と言うのかな、「灰とダイヤモンド」の影響力は大きかったと思いますね。

五木　このあいだ「青春期で最も印象に残った映画を挙げよ」という雑誌のアンケートを受けましてね、ぼくは邦画では「足摺岬」、洋画では「灰とダイヤモンド」を挙げたんです。あれよりちょっと前に「影」というのがありましたね。「影」はぼくにはいちばん印象深くて、それがもっとわかりやすいかたちで出てきたのが「灰とダイヤモンド」だったなという感じがしました。ですから「灰とダイヤモンド」に主演したチブルスキーが鉄道自殺をしたというニュースを聞いたときには、複雑な感慨がありましたね。

廣松　私は芸術鑑賞という目で観てないからいけないんですけど、「灰とダイヤモンド」よりも「地下水道」のほうがもっと露骨に論点が出てたと思うんです。あの地下水道の中からやっと出ようとする。そのとき、川の向う岸にはソビエト軍がもうきているわけですね。ところが彼らは全然救ってくれない。そこまでしか映画は描いてない。しかし学生仲間ではいろいろな話が口コミで伝わる。つまり、ソ連軍は軍事的な理由でこられなかったんではなくて、イギリス、アメリカとのボス取引き上の政治的な配慮でゲリラの部隊を見殺しにしたんだと。スターリン官僚としては、そのあとのポーランド支配の目論見からいっても、ポーランドのコミュニストの指導するゲリラはむしろ潰したかったんだ。あの映画はそういうところをさりげなく訴えているんだとかね。ポーランドのそういう問題から当然ユーゴのチトー主義のことを考え直させられる。スターリン時代には、ユーゴのチトーとポーランドのゴムルカ。こちらはスターリン批判後復権しましたけど、当時は裏切者の代名詞みたいでしたからね。スターリンの言いなりにならなかっただけのことでしょう。コミンフォルムから経済封鎖を受けたあと、国民経済を維持するためには、チトーが西側と接近を深めていかざるをえないことぐらいは誰にでもわかる。国際派の時代にそう言ったら叱られましたけどね（笑）。ユーゴのチトーは独力でファシストを撃退したとまでは言いませんけど、ソ連軍によって〝解放〟されたのではなく、ともかくゲリラをあそこまでやって、一応は自力で革命権力を樹立したわけでしょ。しかも、チトーたちはずいぶん原則的にやってるんですよね。もうドイツの敗北が見通せるようになると、ユーゴのゲリラはアメリカやイギリスの飛行機もどんどん撃墜する。第二次大戦の階級的性格からいえば、単なる国際戦争じゃない。次は米帝、英帝との対決なんですから、もう先が見えたということになったらそれをやるのが当然だというわけですね。スターリンがボス取引き上、困ったろうことはわかるけれども、アメリカの軍部あたりでもドイツを始末したら、ただちにソ連と開戦しようという動きがあったわけでしょ。映画のパットン将軍がそうだったかどうかは知りませんが、やはり映画の力って大きいということですよ（笑）。

そういうこともあって、それだけに国際共産主義運動の内部的な問題を総括しなくてはいけないという意識があって、スペイン人民戦線にも一応の目を向けたというところなんですね。その点、経歴の違いといいますか、運動へのコミットの違いからぼくの場合、五木さんとはアプローチの姿勢がちょっと違ったのかもしれませんね。

五木　ぼくは五〇年代末から六〇年にかけて小さな業界紙なんかをわたりあるいていましたか

ら、もちろん組合なんてものにもまったく無縁でしたし、それこそどこへも尻をもっていきようもない未組織労働者だった。だから、安保やなんかのデモの列に入っていくことも拒まれているような孤立した感覚をもっていたんです。ですから自分は粛清されるほうの側に心情的に近いという意識がずっとありました。

それだけになお「影」とか、「灰とダイヤモンド」「地下水道」とかといった映画の背景にある闇の部厚さを感じさせられたんでしょう。それに加えて、昭和二八、九年の内灘の基地闘争の記憶も消えていない。最初は韻文的にはじまり、あとは散文的な終り方をしたとも言えなくはない事件だったけれども、これが非常にすっきりしない。やっと今年、それまでひとつだけ遺跡みたいに残っていたあそこの射爆場の弾薬庫が取り毀されたわけですが、とにかくそこでハタと足を止めなければいられないような気持ちになったというか、うまく理屈で説明できませんけれども、ここに何かあるなという感じが非常にしてました。

第二次大戦前夜に話を戻しますが、「キャバレー」という話題になった映画がありましたね。その映画もそうなんですが、ついそこまできている嵐の中での青春を措いていて、ぼくには面白かったんですけども。社会がある全体主義的な嵐の中にまき込まれていく直前というのは、不思議に甘美で華やかな、一種の頽廃的な時代だったと言えるような気もします。

廣松　そうですね。ヒットラーなんかも三S政策というわけで、スクリーン、スポーツ、セックスですか、これをある程度奨励する。それはどっちかというと安全弁、息抜きみたいなものなんですよね。いよいよ戦争でも始めるかとなってくると、スクリーンもスポーツもセックスも腐敗堕落だと統制してくる。日本でもモボ、モガが闊歩する時代があって、そのあと統制されていく。国際的に同じような軌跡が三〇年代前後にあったんじゃないでしょうか。

五木　あったんでしょうね。たとえば日本でジャズがある程度職業として定着したのが、三〇年代なんです。だが、それからどんどん時局が緊迫してくると、彼らの仕事がしだいになくなってくるし、ダンスホールに右翼の壮士が日本刀を持って斬り込んでくるというふうな事件が出てくる。それでジャズメンたちは、上海とかハルビンに行く。

廣松　それから映画がトーキーになり、映画人口が増えたのがやっぱり三〇年代だと思うんです。映画を見せるということ自体が、煽動のひとつだった。

五木　ヒットラーは一説によると、ベルリンオリンピック開催にあたってカメラワークにいちばんいいかたちの競技場を造ったといいます。リーフェンシュタールの「美の祭典」ですか、競技場全体があの映画のためのロケーションだったという説もあるくらいでしょう。たとえばヒットラーの演説が非常に高性能のアンプによって大コロシアムに反響する、それをドイツの全国民がラジオを通じて聴けるという時代が到来した。マス・メディアによる民衆の操作が可能になってくる時代ですね。

廣松　そうなんでしょうね。ここではじめてラジオのネットワークみたいなものができてきた。先ほどオルテガ・イ・ガゼーの「大衆の叛乱」という言い方をしましたけど、これはある見方からすると大衆操作がやりやすい時代とも言えるわけですよね。

しかしひと昔前の貴族みたいな連中からすると、農民が映画を鑑賞するとかやれラジオに耳を傾けるとかというかたちで、大衆の叛乱というか、昔の特権階級の文化的独占物が次々に侵されてくるみたいな印象を与えた。これが三〇年代なんでしょうね。

五木　芥川龍之介の自殺が一九二七年。彼のいう「漠たる不安」とほ、きたるべき時代への予感だったのかもしれない。彼なんかは、やはり最後の知識人文学の旗手としてのプライドをもっていた作家だと思うんです。それでいながら、大衆社会が否応なしに近づいてくるということを非常に敏感に肌で感じとって、自分はそういう時勢に合わせていく意志も能力もない、しかしそういう時代がくることは間違いない、そういう猥雑なものが力をもって社会を支配するような時代に自分は生きていきたくないということを無意識に考えてたんでしょう。

人民戦線の成立とその内部矛盾

五木　ここらでその人民戦線なるものを簡単に、ごくわかりやすく規定していただいたほうがいいように思うんですが。

廣松 私にはうまく紹介できそうにありませんが、話のとばくちをつけさせていただきましょう。人民戦線とは一口に言うと、コミンテルンがファシズムとの対抗上、社民に対する主要打撃の政策をあらためて、社民やブルジョア共和派と結んで結成したものです。フランスとスペインは防衛的といっても、むしろ攻勢的で選挙で勝って、いったんは内閣までつくります。

第一次世界大戦後のヨーロッパの政治地図を思い出しますと、ロシア、ドイツ、オーストリア、それにトルコで帝政ないし王制がつぶれる。そして、イタリアではムッソリーニが一九二二年に政権を握って、ここでも王制が倒れる。王制が形骸化しているイギリスを別とすれば、ヨーロッパの主要な資本主義国で軒並みに王制が崩れて共和制になる。しかし、スペイン・ポルトガルのイベリア半島、それにかつてトルコ領になっていた東欧の一部などでは、資本主義経済がある程度発達しているとはいっても、まだまだ経済的にも政治的にも前近代的な体制のままとどまっていた。そこではブルジョア民主主義革命が歴史的課題だったことになります。

ところで、左翼の側では、第二インター・マルクス主義の強かったドイツやオーストリアでは、マルクス主義政党である社民党が与党の座を占めるところまでいく。それに対して、第三インター（コミンテルン）つまり共産党は、ハンガリー革命の敗北、それからドイツでの蜂起の敗北といった経過があって、ロシアでこそ権力を握りましたけれど、ほかのところでは一時挫折するわけですね。ヨーロッパ左翼の内部では第二インター系の社民が優勢であるとはいっても、共産党も次第次第に伸びていって、二九年恐慌のあと急激に勢力を拡大し、社民党と共産党とがヘゲモニー争いをする状態になる。コミンテルンでは、社民を追い落とすことがまずは先決というわけで、社民に主要打撃の方向を向ける。マルクス主義を奉ずる社民党と共産党とが、内ゲバというか、猛烈なせりあいを続けながら、三〇年代の前半が推移する。

こういう状態のなかで、ファシズムという妙なものが抬頭していた。ナチスは二三年のミュンヘン蜂起で頓挫しましたけど、その後、着実に勢力を伸ばして、二九年恐慌のあとには大躍進を遂げ、三三年にはドイツで政権を握る。そしてこの国家権力によって、まずは東欧のゲルマン系のところに押しかけて、ファシズムの政権を樹立させる。ファシズムはイタリアとドイツだけでなく各国で伸びていき、フランスでさえ「火の十字団」なんかのファシズム運動が相当の勢力になっていったわけですね。英米は別ですけど、まさにファシズムがヨーロッパを席捲する勢いだった。こういう情勢のなかで、反ファッショ統一戦線、人民戦線が結成され、左翼の内ゲバが一応収まるわけですけど、スペインの場合は、ちょっと様子がちがう。スペインでは三六年の選挙で予想外のことに、ブルジョア共和派を中心として、左翼をも加えた人民戦線派が過半数の議席を獲得して組閣することになった。この共和政府に対して、ヒットラーやムッソリーニとの密約による連携のもとに、フランコ将軍が反革命内乱を起す。そして、ついに三九年にはフランコのファッショ政権が、スペインを全一的に支配するに及ぶ。外面的にいうと、こういう枠組になると思いますが、階級的にいうと、王制を支えている貴族とブルジョアジーとの対立が基軸で、それに特殊なかたちで農民や労働者の運動が絡んだ。

五木　王制が強いのはもちろんですが、それを支える貴族とカトリックの僧院がすごい力をもっていたところですね。

廣松　そうですね。スペインはサラセン帝国の西カリフ国のあったところですから、ムーア人の回教徒を追い払っていくうえで、カトリックが精神的なバックボーンになったこととか、ナポレオン支配へのゲリラによる反抗のときの事情とかいろんな経緯もあって、実際の組織のうえでもカトリックの統制力が、二十世紀になっても非常に強かった。

五木　地主・教団・王制と三つの勢力があって、なかでも教団が巨大な財産とか支配権とか、権力をもっていた。

廣松　前近代的なヨーロッパの社会では、カトリックの教団は一種の地主勢力ですからね。

五木　ですから、内戦の前後には徹底的な教会の破壊がおこなわれて、それが相当に体制側を刺戟した。とにかく教会を破壊するだけでなく、教会の中の像やいろんなものを引っ張り出して叩き毀したり、火で燃やしたりするでしょう。

廣松　そのかぎりでは、いくらラディカルでもまだブルジョア的市民革命といいますか、近代化の運動ともいえますけれど、ブルジョア共和派のすぐうしろに、ブルジョア革命の段階からさらに社会主義にまでつっぱしろうとする勢力がいる。共産党はそこまでいくのはまだはやすぎると言ったわけですけれども、スペインではアナーキストの勢力が工業地帯では伝統的に強く、アナルコ・サンジカリズム運動の伝統と理念にしたがって、どしどし社会化を進めていく。英米仏のブルジョアジーやその政府は、スペイン人民戦線の勝利が市民（ブルジョア）革命という性格のものであるかぎり支持してもよさそうなもんですけど、その後の発展に対する危惧の念をもっていた。つまりブルジョア共和派が果して左翼を抑えきれるかどうか、という危惧の念ですね。それで曖昧な態度をとっていた。ところがヒットラーのナチスおよびムッソリーニのファシスタは、スペインのフランコ派、ファランヘ党に対して非常にはやい時期から、なかば公然と援助する。フランコが武装蜂起する前にすでに密約があったといわれています。

それに対抗して、ソビエトの側でもいちはやく人民戦線を支持してよさそうなものだけど、公然と援助を始めるのは十月頃からですよね。裏での援助はわりとはやくから始めているんですが、スターリンの政治力学では、フランス、イギリス、アメリカを反ファッショということで人民戦線政府の側に動かそうという思惑もあって、初めは公然とやらなかった。九月の段階になってイギリス、フランス、アメリカの政府がスペイン政府の側を支持しないことが見えてきたので、そこではじめてスターリンも公然たる武器援助などを始めた。

そういう状況の中で、主としてインテリたちが国際旅団を組んで共和国政府を支持する。国際旅団に参加した連中にはコミュニストが多かった。けれど、全部コミュニストだったのかというとそうじゃない。ファシズムに反対という一線で結集した者も少なくない。スペイン革命というのは、基本的な性格としてはブルジョア民主主義革命なんですから、それに対する王制復古式の、それこそ反動的な動きにはリベラリストにも反発があった。合法的に議会を通じてできた政府に対して、ファシストが武装反乱を起して対抗するのはけしからんという、まさにブルジョア民主主義的な議会主義に基づいて参加した連中もいる。あのとき国際旅団に参加したから左翼だとは必ずしも言えない。スペイン内部の事情も国際的支援の側も、非常に複雑で一筋縄ではいかない。スペインの内部では階級的・階層的な編制が複雑なうえに、地域的な差異、一種の地方主義みたいなものも絡んでいる。

五木　ちょっとわからないくらい複雑なんですね、当時のスペインの状況というのは。たとえば、ピカソは青年期に一時、バルセロナで過している。彼の少年時代から青年時代にかけてのバルセロナは、テロだの誘拐だの爆弾事件だのが年中続発して、アナーキストやトロツキストやコミュニストやファシストが入り乱れて騒然としていた世界。まさにそういう中で青春期を過ごして、それからパリへ出てくるわけですね。ですから後に彼が朝鮮戦争のときとか、あるいはゲルニカのときにああいうラディカルな抵抗の姿勢をとったり、コミュニストだったりするのは、やはりカタロニア、わけてもバルセロナで思春期を過ごしたという面が一生脱けなかったことが根底にあるんじゃないか。と同時に、スペインから出たいろんな芸術家で、たとえばカザルスなんかは、フランコに対しては断固反対なんだけれども、スペイン王室に対しては終生尊敬と愛着の念をもち続けた人で、その辺が非常に入り組んでるわけですよ。それに、名前を忘れましたが、はじめは貴族でフランコの側にいたにもかかわらず、途中で寝返って人民戦線派の飛行隊の指揮官になり、マドリッドが陥ちたあとに、こんどはラテンアメリカのほうに逃げていって、ゲバラやカストロの教師になった有名な将校がいましたね。それから国際旅団にはいまおっしゃったように、ある意味での前近代的な封建主義に対する闘いという面もあったがゆえに、単純にファシズムに反対だというヒューマニストもいる。また、ソビエトや共産圏にいながら、アナーキスティックな傾向や志向をもっていて居心地が悪かった連中も、ずいぶん多く加わっています。

廣松　全体としてみれば前近代的といってもカタロニアというか、フランス寄りのところなんかには、かなり近代的な工業もあった。

五木　カタロニアは伝統的に、労働組合が非常にはやくから発達したところですね。だからカタロニアには農民意識ではなくて、伝統的にプロレタリアート意識の強い層がたくさんいた。ともかくそういう中にシモーヌ・ヴェイユとか、オーエルだとか、アンドレ・マルローだとか、ヘミングウェイだとかが参加していく。日本を除いては、インテリゲンチャの間ではひとつの大きなフィエスタ（饗宴）だったような気もするんですが。

廣松　そうですね。あのときにイギリス、フランスの政府だけでなくて各国のブルジョアジーが支持しなかった理由ですけど、彼らはスペイン人民戦線がさしあたってはブルジョア革命であることを承知しながらも、そこにロシア革命の影を見たと思うんです。ロシアでロマノフ王朝を打倒するブルジョア革命にひきつづいて、ケレンスキーソビエトを倒して、あっという間にこんどはボルシェヴィキというプロレタリア革命に転化させてしまった。スペインもそれと同じようになるのではないか。そういう危惧があったんだと思うんです。インテリは共和主義というか民主主義に賛成ということで、ブルジョア共和派の人たちさえ支持しましたけどね。

　私はスターリンがスペインでのトロツキー派やアナーキストに対してとった態度は許せないんですが、あえて客観主義的にいうと、あのときのコミンテルンの連中は二段階革命論なんで、この段階で国有化・社会化みたいなことをやると敵を非常に刺戟もするし、統一戦線を組んでいる味方のブルジョア共和派のリベラリストが離れてしまうから、いまははね上がっちゃいけないと抑えようとする。アナルコ・サンジカリストの連中にいわせれば「お前らは、政治参加だ、権力だってことを考えているから、そんなバカなことをぬかすんで、おれたちはいまや国家なき社会、そういう共同体をつくるんだ」というわけでしょ。これは一歩も退けない。戦術次元での対応策の相違といったことではなく、いわば理念と理念、戦略と戦略の対立ですから、スペインの人民戦線派内部における左翼諸派、つまり共産党やアナーキストやトロツキスト内部での内ゲバが非常にシビアになる。

五木　ものすごく、それがシビアだったんですね。ところで、人民戦線自体がいろんな勢力を擁して混乱をきわめているわけですが、当時の哲学者の動向はどんなふうだったのですか。

廣松　スペイン戦争時代の哲学ということを、一般論としては語りにくいんですが、現代哲学の三大流派と言われるマルクス主義・実存主義・分析哲学が広汎な人びとの間で市民権を確立したのがこの時代、三〇年代なんです。

分析哲学はアカデミズム哲学という性格を脱しませんけれど、それでもこの学派が三〇年代にアメリカで定着すると、哲学以外の分野にもいろいろなインパクトを与えるようになった。フランクフルト学派にせよ、あるいは新カント派出身のカッシーラーとその弟子にせよフロイトの精神分析学派にせよ、いろいろな亡命ユダヤ人グループないしその影響を受けた人たちが反ファッショの論陣を張るなど、総じて哲学者が象牙の塔を出る動きがアメリカにあったといえるかもしれません。

マルクス主義は、マルクスが一八八三年に死んだ時点ではそれほど著名ではありませんでしたけれど、エンゲルスが死んだ一八九五年ごろには、社会主義諸派の中では理論的にも組織的にも、一応主流派になってはいました。一八八九年に結成された第二インターは、当初、ブランキ派やアナーキスト派との寄合い世帯でしたけれど、一八九一年にドイツ社民党の内部でそれまで残っていたラッサール派との折衷みたいな状態から、綱領のうえでマルクス主義に思想的な一元化が進み、ラテン系でも次第にマルクス派が伸びたわけです。しかし、社会主義の運動が強まるのと第二インター修正主義がどんどん進行するのと並行したかたちになりましたから、イズムとしてのマルクスの思想、いわんやその哲学が知的世界で権威をもったとは必ずしもいえなかった。

第一次大戦後、第三インター（コミンテルン）のマルクス主義が新登場しましたけど、ヨーロッパでは二〇年代の前半に頓挫しましたので、三〇年代を迎えるまでは運動面でも概してそれほど強大とはいえませんでしたし、インテリの世界への浸透は弱かった。個々にはもちろんインテリのマルクス主義者がいましたけれど、概していえばインテリの間では、マルクス主義というのは下層階級の新興宗教運動みたいな受け取り方が強かったのではないかと思います。ところが、二九年恐慌で欧米が大混乱しているところへ、ソ連では恐慌も失業もないということから、社会主義の体制というものが見直される。恐慌の予見が当たったということもマルクス経済学の権威を高めるひとつの要因になったわけです。総じてマルクス主義というものが、インテリたちの間で真剣に検討されるようになった。そして二九年恐慌のあと、運動面でも共産党が躍進しました。反ファッショ統一戦線といった場での交流も生まれましたので、三〇年代にはマルクス主義が偉大な思想としてインテリの世界で評価される条件がいよいよ熟してきたわけです。

三〇年代には、スターリン主義時代のことですから、マルクス主義の理論的な創造性がダウンしていたのですが、それでもこの時代にようやくマルクス主義なるものがヨーロッパの広汎なインテリの間で、思想的な権威と市民権を確立したと言えます。このマルクス主義が象牙の塔の学問でないことは言うまでもありません。

五木　実存主義がある程度浸透してくるのは、もちろんもっとあとですね。それでも三〇年代にはかなり強力になってきますでしょう。

廣松　実存主義についていえば、成立はヘーゲル後の一九四〇年代とはいっても、久しいあいだ曠野に叫ぶ予言者の言葉みたいなもので、インテリの世界にすら浸透していなかった。ところが二〇年代の終りから三〇年代にかけて、ハイデッガー、ヤスパース、マルセル、サルトルといった連中が一斉に登場して、アカデミズムの内外に一大勢力を張るようになったわけです。これもマルクス主義とは違った意味で、それなりに実践的であり、単なるアカデミズムの哲学ではない。ハイデッガーなんか、彼自身は自分はいわゆる実存主義者ではないことを強調するんですが、ナチスの党員にまでなったほどでしてね。

五木　そのへんのナチズムと哲学者たちの関係は興味深いです。ナチズムへ接近した哲学者というのはハイデッガー以外にも多いんですか。

廣松 ええ。これは実存主義というわけではないんですが、ドイツでは「生の哲学」がわりとさかんになってましたし、象牙の塔から出て現実の場とコミットする哲学者たちが増えていたんですね。第一次大戦後の混乱期、それから二九年恐慌や激烈な階級闘争という歴史的現実に直面して、生活基盤が不安定になったこともあって、やれアカデミズムだ象牙の塔だといって孤高を持していることは、さすがのドイツのプロフェッサーたちにもできなくなっていたのでしょう。

学派を問わず左翼の側にコミットした人たちもあり、一方では、ナチスの勢力にコミットした人たちもかなり多いんです。カール・シュミットみたいな社会科学畑の人は別としても、哲学者ではハイデッガーは別格として、「ドイツ哲学会」に結集した新カント派のリッケルト、ブルーノ・バウフ、それにニコライ・ハルトマンとか、ハンス・フライヤー、マックス・ヴント、テオドール・リット、それに『ヘーゲル全集』を出したグロックナーとかへーリング、それにハイムゼート、エビングハウス、こういう錚々たる哲学者の連中がナチスにシンパシーをもった。もっとも、大抵の連中はまもなく逃げ出しますけどね。イタリアでも一時期のクローチェ、それからこれは文部大臣までやったロッコなんて、錚々たるインテリがファシズムに加担するでしょう。三〇年代の思想というとき、狭い意味での哲学ではないにしても、ファシズムというのは理論的にも逸せないと思うんです。三〇年代というのは、各派の哲学、各一派の思想が、それぞれの仕方で「大衆化」しつつ、それぞれ大衆獲得をめぐってしのぎをけずった時代でもあるわけですね。

ナチズム抬頭の秘密

五木　ナチズムを考えるとき、ヒットラーやゲッペルスらの大衆宣伝ですとか、あるいはそれに乗せられた一般大衆、それからヒロイックに呼応した文学者などについてはよく語られるわけですね。しかし、ナチズムというかファシズムを考えるには、その理論としての面、とりわけ哲学の中での位置づけを、ぼくらも知っておかなければならないと思うんです。そのあたりを少しうかがいたいと思うのですが。

廣松　イタリアのファシズムにせよ、ドイツのナチズムにせよ、それからこれは日本の軍国主義についても似たようなことが言われるんですが、なにかしら集団発狂現象みたいな(笑)、ないしは指導者の異常心理みたいな、そういうことで片づけようとする傾向が戦後の学界にはありましたし、いまでもそういう傾向が完全に克服されたとはいえない。しかし、そんなことで片づけようとすると、松本健一氏も警告しているように、思想的にも無防備になってしまう恐れがある。ファシズムというのは、思想的にみても決してそうバカにできるようなものじゃない。こんなこと言いますと、ファシズム弁護論だなんてトンチンカンな批評を受けかねませんけどね。それはともかくとして、なぜナチズムというものが当時の第一級といわれるようなインテリや哲学者たちの間でも、ひとつの偉大な思想性をもったものとして評価されたのか、そのところを押えておく必要があると思うんです。

ナチズムは二三年のミュンヘン蜂起の失敗後に出直しますが、はじめのうちはインテリたちからはすっかりバカにされていた。ブルジョア・リベラリストたちからも、社会民主主義者や共産主義者たちからも、すっかりなめられていたわけです。ミュンヘンやその他、南部ドイツの一部ではある程度の勢力になっても、将来あれほど伸びるとは思われていなかった。

共産党が社会民主党の追い落としに血道をあげ、この意味でマルクス派の内部での内ゲバにおいて、ときによってはナチスと結んだということ。このことは後知恵で考えると狂気の沙汰に思えるにしても、当時の状況から言えばそう不思議でもないんです。ナチスはヴェルサイユ体制に対する批判とか、ソ連に対する当面の政策とか、議会主義に対する姿勢とかいろんな点で共産党と一致するところがありましたし、「公共的な目的のために必要な土地の国有化」「株式会社化された企業の国有化」というような〝社会主義的な〟綱領を掲げていた。党名からしても「国家社会主義労働者党」でしたしね。ムッソリーニが社会党〝左派〟の出身であるのと似て、ナチスも一種の社会主義政党を名乗り、それらしい綱領を掲げていたわけです。第二インター系の右翼社民なんかよりも、ぐっと〝左翼〟的にみえた。わけてもナチス左派の場合、思想的にも行動的にも〝左翼〟的だったことは事実として忘れるわけにはいきません。

コミンテルンなんかでも、ファシズムをはじめのうちは小ブル・イデオロギーとみていた。第一次大戦後の社会情勢のなかで没落してしまった小ブルジョア、彼らはブルジョアジーに対しては怨念をもっており、ブルジョアの支配する体制を倒したいと思いはするが、さりとてプロレタリア革命に参加するところまではいけない連中だと。そこには第一次大戦で戦った相手のロシアに対する反発、さかのぼってはスラブ主義に対するゲルマン主義の民族主義的な対抗意識、こういった要因も絡みますが、そういうプチブルの運動としてナチズムが性格づけられていた。これは表面的にみるかぎり、多分にナチズム初期の組織実態、運動実態にもかなっており、マルクス主義者以外でもそういう具合にみなすむきがあったようです。

五木 ナチスには少なくとも大衆の側に立っているんだというイメージがあったでしょう。一部の人びとには反体制的に見えたわけでしょうか。

廣松 そうなんです。同じナチ党といっても、ヒットラーを中心とする南部あたりの勢力とシュトラッサー兄弟なんかを中心とするベルリンなど北部の連中とでは、かなり早い時期からニュアンスが違ったようですけれど、北部の連中は独自の新聞・雑誌をもってまして、それを通じてインテリの間にも喰い込んでいってたんですね。ゲッペルスなんてあの「宣伝の天才」も、元来は北部派なんです。一部のインテリを含めて、ナチズムのほうがコミュニズムよりも理論的にすぐれていると思うむきさえあった。

五木　なるほど。そこでぼくは自動車王ポルシェのことをふと思い出しますが、ヒットラーやナチスの連中は、たとえばモータリゼーションというものに対する非常な先見の明があったんですね。さっき言ったメディアに対する先見の明と同じように、それまでうんと後進国だと思われていたアメリカ人が、フォードに乗って華やかに走っていく。それをドイツ人たちは、戦後の日本人がアメリカ人のジープを見てびっくりしたような感じで驚いた。そこでフェルディナンド・ポルシェというひとりの天才を引っ張ってきて、国民のためにフォルクスワーゲンという車を作らせる計画を発表し、〝一家に一台のフォルクスワーゲン、父と母と後ろにふたりの子供を乗せてアウトバーンを疾駆する純白の国民車〟というポスターをどんどん作って、労働者に予約券みたいなものを発行するわけですね。そして毎月の賃金から天引きしていく。まずナチスの党員になって、その下部組織かなんかのメンバーに入ることが予約の条件だったようです。そして月給の中から積み立てていくわけです。するとものすごい金が、ワーゲンが完成するまでの間の予約金としてナチスの金庫に入っていく。大金持ちでなければ手に入れられない車を労働者がもてるという幻想を売っておいて金を集めて、党の下部組織に組み込んでいく。ナチスのイデオロギーに反対か賛成か別として、そういう面で共産党なんかに比べて、たいへんな先見の明があった。

フェルディナンド・ポルシェという人は面白い人なんですね。ヒットラーから口説かれる前にはスターリンから呼ばれているんです。スターリンが密使を送って、このスポーツ・カーに取り憑かれた天才科学者をロシアに呼ぶ。当時としては異例のことなんだけれども、国内を見せてまわるわけですね。そしてスターリンが口説くんです。「この遅れたロシアを、重工業を基幹とした近代国家につくり上げるための大きなプロジェクトがある。あんたはスポーツ・カーを作りたいとかなんとかいろんなことといってるけど、そんなちっちゃなブルジョアジーのおもちゃを作るようなことではなく、この国を変革するようなプロデューサーの最高顧問としてこないか」というふうにね。

ポルシェは迷うんだけれども、結局子供みたいにスポーツ・カーづくりの夢に取り憑かれているもんだから、後難を恐れながらも断わって、ソ連から戻ってくるんです。

それが、こんどはヒットラーから口説かれてフォルクスワーゲンの基礎を作り、ついには軍用戦車までに手を出したために、戦後、戦犯としてフランスで刑務所に入れられてしまう。ところが当時のフランスでは、ドゴールがなんとかして地に墜ちたフランスの栄光を再浮上させようと苦慮していた。フランスにはシムカとかルノーとかシトロエンとかという伝統的な自動車会社があるわけなんですけれども、アメリカの大きなメーカーがどんどん資本を投下してきてフランス国内の自動車産業が危機に瀕しているわけです。そのとき刑務所にいるポルシェのところへ、ドゴールから、「お前さんはヒットラーと組んで悪いことをやったけれども、その才能は尊敬している。ひとつ、フランスの国民車を設計する手助けをしてくれたならば釈放しよう」といってくる。で、ポルシェが牢獄の中でフランスの技術者と一緒にプロジェクトを作ってでき上がったのがワーゲンと同じような形のちっちゃな車、ルノーの4CVで、それが大ベストセラーになった。彼はそれと交換条件にドイツへ戻って、最初の念願であるスポーツ・カーに着手しかかったところで死んでしまうんです。結局はその息子が完成させるわけですけどね。

だからそういうすごい才能をもったひとりの技術者がスターリン、ヒットラー、ドゴールと三人の巨人の手の間を変転するさまを、「フェルディナンド・ポルシェ伝」というかたちで書いていったら、現代史を斜めから見るおもしろい物語が書けるなあと思う。

話がそれましたけれども、ともかくヒットラーやナチスはそういう近代的なメカニズムというものに対して、非常な理解があった人物でしたよね。

廣松　そうなんですね。清水多吉氏も指摘しておられますが、彼らは決して単純な非合理主義でやったわけではなく、近代合理主義を批判しながら、ある意味では近代合理主義を徹底した面がある。人肉から脂肪をとって人造バターにするなんてことでもね。ナチスが経済復興をやれたのは、戦争経済ということもありますけれども、ともかくナチスになって、失業者が減り賃金水準もそれまでに比べたら一応上がるというようなことで、政権獲得後はいよいよ大衆的な支持を固めることになったわけです。

しかし、それにしてもあの全体主義はいかんという反発が、ヒットラーが政権をとってみると具体的に実感されるようになった。人民戦線の挫折、独ソ不可侵条約、ポーランド分割といった経過があって、スターリンのソ連を見てみても、これまた同じような全体主義じゃないかという見方もでてくる。一方で、反ファッショの運動面でマルクス主義者とインテリとの間のコンタクトができた反面では、全体主義ではいかん、やはり個人の自立性を尊重するような思想や社会でなきゃいけないという実感みたいなものが強まる。その場合個人といっても、伝統的自我というようなことでは、もはやそのままは通用しない。そこで、実存主義哲学の人間観が少なくともインテリの世界では理論的な権威をもつようになるし、あのような不安の哲学、無の深淵をのぞきこむみたいな哲学が、世相、わけても小ブル・インテリの不安定な心情にマッチしたことがあって流行になったわけですね。この実存主義というかたちでの新装版個人主義が全体主義思想に対するアンチテーゼの新思想ともなり、ナチズムに対する抵抗やレジスタンス運動の中で「いかに生き、いかに死ぬべきか」みたいなことについて、日常性への埋没からの覚醒を呼びかけるアクチュアルな思想になった。ファシズムおよびスターリン主義という〝全体主義〟に対するアンチテーゼとしての個人主義、といっても啓蒙的個人主義とは別の新しい思想ということで流行的に出てきたのが実存主義だったと言えると思います。

五木　そういうふうにうかがっていると、実存主義はふたつの側面をもってるような気がしませんか。ひとつは、実存主義的であるがゆえに反全体主義、反ファシズムの方向をめざす一面と、実存主義的であるということでナチズムとつながり合えるような要素がどこかにありうるという面と……。

廣松　そうですね。ナチスと積極的に結びついたのは、個人主義どころか、後にはヒューマニズムを超えると称したハイデッガーとその亜流なんですがね。そのハイデッガー自身も、はやばやに身を翻したんですけれど。ハイデッガーがフューラー（総統）を待望し支持したとき、彼にはニーチェの超人思想みたいなものの影響が非常に強くありますから、単に実存とかなんとかということではなかったでしょうけどね。

五木　エリート志向とでもいいますか、一種のヒロイズムに傾きがちなところが実存主義の中にはあるんではないでしょうか。

廣松　あるんですね、それが。一方ではナチスのエリート主義にいかれるというかたちで出てきうるし、反面では全体主義に対する反発というより、それ以前に大衆的なナダレ現象で猫も杓子もナチス支持みたいな大衆化現象に対する反発というかたちにもなりうる。ですから非常に皮肉な二義性だと思うんですね。学校の教科書ふうに整理してしまうと、実存主義というのは、やはり個人というか、実存というものを重視する以上は、全体主義に対しては反対の立場にあるということになるでしょうけれど、いま五木さんがずばりおっしゃったとおり、実際にはナチズムみたいなものに共感しうる面と対抗せざるをえない面と両方あるわけです。ハイデッガーはナチスの党員になって、まだ若いのにフライブルグの学長までやりましたが、その彼でさえ、すぐさまついていけなくなる。これは彼だけでなく、わりと多くのインテリが描いた軌跡だと思うんですね。

五木　実存主義の中に、いわば精神の貴族性のようなものを感じるときがある。そうすると、そこにはあるヒロイックな心情が生まれてくる可能性もうかがえます。つまり、実存主義を信奉してレジスタンスで死ぬこともできれば、逆に実存主義の思想に支えられて、ナチの突撃隊員でもありうるということがあるのではないかということです。

廣松　たしかにその通りだと思います。マルクス主義以外はアカデミズム哲学というか書斎の哲学で、アクチュアルな現実にコミットしないというのは哲学の体系的内容の話でしてね。哲学といえども、やはり歴史的・社会的な現象のひとつですから（笑）。理論そのものの枠の中でいうかぎりは、実存主義に政治理論があるか、革命理論なり反革命理論なりがあるかというと、実存主義としての〝体系〟の中にはそういうものはない。倫理学と呼べるほどの倫理学すらない。サルトルは書こうとしたけれども、結局書かなかった。十七、八世紀や十九世紀前半のブルジョア哲学はそれ自身の内部に社会的現実との実践的コミットメントを、〝哲学化〟したかたちにおいてであれ含んでいたのに対して、十九世紀後半からのドイツ・アカデミズム哲学にはそういう面がほとんどなくなっている。その点では分析哲学はもちろんのこと、実存主義哲学の理論内容についてもいえる。しかし、実存主義が哲学の世界というよりもむしろ文学などをも含めて、もっと大衆的な日常生活と密着した場面で流行したのは、一種の人生哲学としてのアクチュアリティをもったからなんですよね。そういう意味まで含めていえば哲学というのは単なる書斎の中のものじゃない。

ナチズムとの対決

五木　そういうことを踏まえたうえで、ひとつ問題を出してみたいんです。それは、ぼくが三〇年代をなぜ問題にするかということなんですが、いまの時点でまだそう大きな社会現象としてではないけれども、ひそやかな個人的な部分で、〝転向〟という問題をリアルに考えざるをえないと思うからです。というのは、つまり自分がこっちからこっちへ移るさいには、やはりその人の生きていくうえでの思想というか、哲学というか、そこまで納得しなければ移れないわけですね。ある情熱をもって自分を説得して、そして移っていくわけですから。ところが、いわゆる転向というのは、いやいやながらそっちのほうへ回っていく。あるところで自分を変革して信じて移らなければ本当の転向にならないにもかかわらず。しかしながら、さっきおっしゃったナチズムあるいは全体主義のほうへ、すぐれた知識人たちがやすやすとコミットしたという背景には、近代というか、個人個人が確立されたと同時にバラバラになってその関係が社会の中で砂のように流離して孤立してるということと無縁ではない。東京で素姓も知れずに暮してる人間は、自分たちの属しているゲマインシャフトというか、それがないでしょう。

そういう中で人間は本能的にというとおかしいけれども、人びとと共に喜び、共に泣き、運命を共にするような体験、たとえばデモに初めて参加したとき、自分の背丈が急に大きくなって内部がもっと強靭に血液がもっと生き生きと沸いてくるような感動にとらわれる。そういうふうに集団とか全体とかに、埋没するというとマイナスの言い方になってしまうけども、参加することで生きている実感というものを味わいうるわけですね。ですから、たとえば高村光太郎とか、そのほかの日本の詩人たちの多くが、十二月八日の真珠湾奇襲に感動して詩を書いたというのも、ぼくは非常にわかるような気がします。そこで醒めていて、「なんだ、あんなもの」といってられる人と、そこで「いまやアジアに曙がきた」と感動する人とどっちが大衆的かというと、そういうふうにコミットしていった人のほうが、はるかに共生感覚の強いことが多いんです。その辺が危うくもまた興味ぶかいところなんですが。

廣松　そう言えるでしょうね。いまゲマインシャフトという言葉が出ましたが、ナチズムの全体主義というのは非常にゆがんだ恰好ではあるけれども、近代市民社会のゲゼルシャフトの原理に対して一種のゲマインシャフトの原理を対置したことはたしかなんですね。そのことが「近代の超克」として受け取られた一因でもあるわけです。

それに対応するのに十八世紀啓蒙主義流の自由・平等・友愛といった近代市民社会の理念、ゲゼルシャフトの原理をもってきたんじゃどうにもならない。ところがナチズムに敗れたあと、コミンテルン・マルクス主義までが、そういう対応しかできなかった。

コミンテルンは、はじめのうちナチズムをなめきっていただけでなく、小ブル・イデオロギーと規定していた。ところがナチスに負けたあと、というよりナチスがブルジョアジーとその政治的代表部と妥協し、それどころかそのあと押しのもとに政権の座につくようになったあと、コミンテルンでも認識をあらためたわけです。そこでディミトロフやエルコリ（トリアッチ）らによる反ファッショ統一戦線という方針への転換、つまりそれまでは極言すればナチスと結んでまでブルジョア・リベラル派や社会民主主義派と対立してきた方針から、統一戦線を組むかたちへの方針転換がおこなわれることになった。では、ファシズムをどう規定するに至ったのかというと、あれは「独占ブルジョアジーのプロレタリアートに対する血の復讐であり、鉄血のブルジョア独裁だ」ということになったんです。これは独占資本主義がギリギリまで追いつめられた死にものぐるいの独裁ですから、ブルジョアジーの建前であるところの自由主義、民主主義、近代市民主義こういう彼ら本来の理念をすら踏みにじってガムシャラにやっているんだ。だからいまやこのブルジョア独裁の瀕死の形態に対して彼らの矛盾をつくうえでも、プロレタリアの側がブルジョア自由主義の理念をつきつけるんだという理屈だったんですね。それが「いまやブルジョアジーが投げ棄てた自由主義の旗をプロレタリアートが拾うんだ」という話の裏になるわけです。ファシズムの全体主義に対してブルジョア・リベラリストをも結集するうえでの政治的スローガンとしては戦術的に有効だったかもしれないけど、思想的には、これではたちうちできない。

五木　全体主義というのは、平等思想と一見どこかで通じあうように見えてくる。しかし、それはまったく裏腹の関係にあるわけですね。

廣松　ゲマインシャフトの優位という思想ですからね。ナチズムの場合、近代市民社会の原理であった自由・平等・友愛の個人主義では理論的にも実践的にも妥当しないというわけで、民族共同体の〝全体〟なるものに立脚すると称して、近代個人主義の超克としての全体主義、共同体の原理による新社会を唱え、文化革命をも含む〝ナチス革命〟を標榜したわけです。抽象的にいえば個人主義か全体主義か、ということですけれど、彼らの主張ではゲゼルシャフトかゲマインシャフトか、この二者択一を迫ったかたちですよね。

五木　それと同時に、ピラミッド型に国民の底辺を広く含みながら、最高指導者を頂点とする一体感を演出していく。人間にはもともと一種のマゾヒズムがあり、すぐれた指導者について いく喜びというか、そういう心情がある。革命運動の中にも、そういうヒーローを求める心情というのはやはりあるし、またそれがなければ大衆的運動として成立しないでしょう。

廣松　事実問題としてそういうことがありますよね。良し悪しとは別にね。

ところで、いまコミンテルンの正統派がブルジョア・ヒューマニズム、つまり十八世紀啓蒙主義の自由主義の旗を拾った話をしましたけど、反ファッショ統一戦線、人民戦線の時代に言い出したこの路線が、第二次大戦後もずっと採られる。そこでは民族主義が加味されますけどね(笑)。ナショナリズムは別として、そういう十八世紀啓蒙主義のヒューマニズムみたいなものをマルクス主義的に合理化しようとする動きとして、人間主義的マルクス主義がヨーロッパで構築される。ルカーチあたりでは、プロレタリアートという階級性を入れていたんで、もう少し骨っぽいところがあったんですけどね。

ともあれ、ナチズムと思想的に対決するためには、ナチズムが彼らなりの仕方で古典的な近代ブルジョア・イデオロギーの克服、つまり「近代の超克」を〝理論的〟に主張したのですから、正面から受けとめて対決する必要があった。そうでなければ、思想的に勝てっこない。古典的な啓蒙主義の自由主義というものは、資本主義の歴史的発展そのものからいっても時代遅れになっていたことはたしかですし、そのうえ国家独占資本主義という新しい段階に照応するイデオロギーとしてファシズムが登場してきたんですから。形式的にみると第二次大戦でファシズムが一応打倒されたわけですが、ファシズムというものを国家独占資本主義のイデオロギーという見地からみれば、第二次世界大戦後の歴史的状況においても、かつてファシズムと正面きって対抗すべきはずであった思想上の問題は持続されていることになる。

ファシズムというのを現象面や形態面で考えるなら、あのようなものはいまの世界でそのままのかたちで存在することはできませんよね。しかし、あの現象、あの形態は、国家独占資本主義の体制にとって必ずしも本質的なものではない。ああいうドラスティックなかたちは、後発帝国主義国の体制的な危機を強行的に乗り切るために出てきた、ひとつの特殊形態にすぎない。ですから、国家独占資本主義そのものは英米仏のようなかたちで成立することもありうる道理なんです。それに、いったん確立してしまえば、もっとずっとおだやかな形態をとることだってありうる。ですから、われわれはファシズムの形態に目をうばわれるのではなく、その本質に目を向けねばならない。そのときには国家独占資本主義という資本主義の新体制とそのイデオロギーに対してどう対決していくかがポイントになるわけですね。もちろん政治形態という点でも、かつてアメリカではマッカーシズム旋風が吹き荒れ、西ドイツでは共産党が非合法化された。日本でも共産党が破防法の対象とされ、すんでのところで非合法化されるところだった。高度成長で体制的に安定化し〝平和共存〟とかいうことで、いまのところはいかにもファッショ的という支配形態はむき出しには出ないかたちになっていますけれど、いつまでもこういう状況で進むなんて考えては甘すぎる。ですから形態の面も十分計算に入れねばなりませんけれど、原理的には国家独占資本主義の問題として押える必要があると思うんです。現代哲学がそのアクチュアリティをもつためには、国家独占資本主義の体制を正面から止揚できるようなものでなければならないでしょうね。アクチュアルな現代世界というものを理論的、思想的にとらえかえして、われわれの生き方に指針を与えるような哲学、歴史の将来的な展望まで包み込めるような体系を作っていくことが現代哲学の課題になっていると思います。

五木　もしも、そういう従来とはまったく異なる新しい哲学の潮流が生まれたとしたら、二一、三世紀後の人はそれをどういうふうに呼ぶでしょうか。

廣松　将来のことはわかりませんけれど、私としては、先ほどサルトルを援用して「マルクス主義は現段階における乗り超え不可能な哲学だ」と申しました意味で、つまりユークリッド幾何学とかニュートン物理学とかの地平が一定の段階までは乗り超え不可能であったのと類比的な意味で、やはりマルクス主義と呼ばれてしかるべきではないかと思います。

哲学者の課題

五木　哲学者が一所懸命つきつめ、考えぬいた哲学の声とでもいうべきものが、直接に一般大衆のところまで届くことは不可能なんでしょうか。もしも不可能だったらその間にどういう媒体が必要なんでしょうか。ぼくはやはり哲学をやる以上は、それが人を動かし世を動かすということが前提になければいけないと思います。よしんば発見の喜びだけでやっているとしても、もし新しい発見があったらそれを伝えたいという気持ちはおのずとあると考えるんですが。

廣松　そうなんですよね。そして現にサルトルの『存在と無』は超ベストセラーだったでしょう、出たときから。それからミッシェル・フーコーの『言葉と物』が出たときも、カルチェ・ラタンでの話ですけど、パンのごとくに売れたといわれる。マルクスのものなんかも相当な数でしょうし、どうかすると非常にむずかしい本でも結構売れることがある。ハイデッガーの『存在と時間』なんかにしたってね。

五木　ぼくが言うのは、読書階級以外なんです。この間、本屋に行ったら劇画を見てる若い娘が「これ、字がなきゃいいのにね」って言ってた(笑)。吹き出しに字が入ってるでしょう。それさえわずらわしい人たちが、いっぱいいるわけですよ。だからそういう人間たちを無視して変革ということは、ぼくは考えられないだろうと思うし、それを含みえないとどうしてもエリート志向になっていくでしょう。

廣松　真剣に考えなきゃいけない問題だと思います。革命思想の大衆化という話とも関係してくることですけれど……。

五木　自然科学なんかで、たとえば中性子だとか、ぜんぜん素人にわからないようなことを研究している学者がいますね。そういうものは実際にいろんな道具とかにたちまち応用されて、われわれは当の研究そのものはほとんど知らないけれども、自分たちがもってるトランジスタラジオとか、テレビとかというかたちでその研究の成果を日常的に享受してますね。だとしたら、哲学もそんなふうに動いているとは考えられないですか。

廣松　答えを放棄してるわけじゃないんですけど、前から何度もそれおっしゃられるし、考えてるんですけど、答えが出せないで……。

五木　いま、ぼく自身すごく迷っているわけですね。世の中は悪くなっていく一方で、最後は玉砕するか鴨長明を決め込むか、どっちかしかないと思っているんですが、この歳にもなれば、ここで玉砕してもちっとも悔いはない。しかし、二十代の人はそうはいかないでしょう。まだ先は多少あるわけだから。でも哲学という学問はものすごく微妙なものなんですね。つまり白か黒か、右へいけばいいか左へいけばいいかという問いには、簡単に答えられないものらしい。

こうだと言っちゃうと、どこかこぼれるところがあるんでしょう。それをこぼすまいという誠実さに支えられている学問だという感じもします。数学の場合なんかはたとえば数式の間違いというのは、はっきりしているけれども、こと世界観の問題になるとそうはいかない。

廣松　数学の場合、前提がはっきりしていますからね。こういう前提を立てればこうも言える。

また別の前提を立てれば別にも言える。それではそのいくつかの前提のうちどれが正しいかというレベルに関して、ここでまたもやこういう前提立てればこっちが正しいが、こういう前提を立てれば……、ということになる。その点哲学では、ギリギリのところつきつめていくと、これは神さまをもってない人間の悲しさで、これこそが絶対的な真理だということで割り切れない。われわれみたいに神さまをもってないものは、一種の相対主義にならざるをえない。相対主義だからといって、なんでも正しいということにはならないけれど、これこそが絶対的真理だとは言えない。

五木　ぼくも絶対的な価値観は求めてないんです。自分が好きなほうをやってるだけでね。たとえば体制を維持するのも人間のエネルギーだし、それに対して反体制で闘いを挑むのも人間のエネルギーだし、保守も革新も、同じエネルギーだと思うんです。

エランビタールもフランビタールも共に生命力だ。だけど自分が何十年か生きてきて、自分はこっちが好きだよという肌合いがあって嫌いなほうにいかないだけだということなんですね。だからぼく自身は、意気込んでエンタテインメントと言ってるわけでもなんでもないんで、自分でクラシックの音楽よりは流行歌のほうが好きだから、歌手になるんだったらオペラの歌手よりも美空ひばりのほうがいいという具合にやっているだけなんです。ですから相対的もいいところで、絶対というものはぼくにはない。

　しかし、こうして現代哲学への入口から先端までうかがっていると、人間というのは面白い生物だなあと思いますね。たとえば学生時代なんかにどうしようもなくなって、ほんとに自殺したほうがいいんじゃないかと思ったときに、ああ、人間というのは面白いなとか、世の中ってまだいいことあるんだなとか思い直すのと同じように、哲学の話を聞いていると、人間というのは興味ある存在だなという感じがしてきます。

廣松　この〝講義〟では、現代哲学の「概説」でほなぐ「現代哲学論」、もっと露骨に言ってしまえば、いわゆる現代哲学に対して私としてはどういう態度をとるか、どういう姿勢で臨んでいるかを話すようにとのことでした。概論風の学説紹介に流れないようにという編集部の意向を汲んで、五木さんがじつに巧妙にリードしてくださったので、ずいぶん本音を吐かされてしまいました(笑)。私はこれでもテレ屋のところがありましてね、ふだんは建前論で逃げるんですが、きょうはいろんな搦め手から攻められて、気がついたらまんまと術中に陥っていたという感じです(笑)。

　現代哲学の「概説」は、それぞれの学派の通論を読んでいただくほかないとしても、ここでは〝配置〟図みたいなものを描いたということにして、とりあえず放免を願うことにしましょうか。これは案外、型破りの〝現代哲学論〟になっているかもしれません。

五木　どうもお疲れさまでした。

五木寛之・生と作品の位相（抄）

廣松渉

同世代の人物に讃歎の念を覚えるのは、稀有のことである。——讃歎の念は敬服の意や羨望の感とは凡そ次元を異にする。それは、畏怖でも渇仰でもない。寧ろ、一種のシュムパトスでありながら、自己《おのれ》は到底そこへ達しえぬことの自覚を伴う。

「さり気なく生きたい、という考え方がある。もちろん、世のわずらわしさを全て逃れて、山の中にこもる、といったようなことではない。それは決してさり気なくないからである。さり気ないためには人は、状況との間に或る種の正確な関係を維持し、それへの誠意を常に失うわけにはいかない。さり気ないとは〈その気がないように見えて実はある様態〉をいうのだそうであるが、重要なのは、〈その気がないように見える〉ことではなく、むしろ〈そのように見えて実はある〉ことなのである。従って、さり気ない生き方を、状況に対して受身にまわったものの自己防禦的に生み出したテクニックの一つ、というのは間違いである。言い方は微妙であるが、むしろ、受身にならざるを得ない状況の中で、受身になるまいとするためのテクニックといわなければならないのではないだろうか。……私は五木寛之という一種独得の人物について考えるとき、いつもこのさり気ない生き方について、思いをいたさないわけにはいかない」

これは別役実の五木寛之論『さり気ない人格』の冒頭部の援用であるが、私も感懐を同じうする。泥懇ならざる私ごときが、共感の意を表するのは抑々《そもそも》不遜の譏を招くことかと惧れないではない。

この「さり気なさ」は「悟達」ということに通ずるのではないか。——唐突に「悟達」などと言えば、悟り澄ましたとか、俗を超えたとか、清冽弧絶の境を想わせかねないが、しかし、得悟達観というのは、決して明澄でも枯淡でもなく、実相は却って迷妄にも似て、生腥いものと聞く。私としては、このさい、悟達という詞《ことば》を藉《か》りたいと念う。

顧みれば、しかし、作家としての五木寛之は、「滑稽なる党派」を自称したのではなかったか？憶か、デビュー当時、次のように書いていた。

「一方に〈憂鬱なる党派〉があり、一方に〈知的なる党派〉がある。だが私自身は、その二つの流れのどちらにも属せぬ党派のような気がする。私たちは、いわば〈滑稽なる党派〉をめざす一群ではあるまいか。私たちの現実、またはこれまでの試行錯誤を、一つの喜劇としてとらえる作品が出て来たとき、私たちははじめてそこに自己の党籍を発見したような気がするに違いない」

この発言は、三年半後に書かれた『再び〈滑稽なる党派〉の立場より』でも追認されている。

「こまかい所で少しおかしな部分もありますが、どうやら大筋の考え方は今もほとんど変わっていないようです。〈滑稽なる党派〉という題名は、もちろん高橋和巳の〈憂鬱なる党派〉をふまえてつけたものです。考えてみますと、ぼくは彼とほとんど交わることのないパラレルな場所で仕事をしながら、彼の存在をいつもずっと頭の片隅で意識しつづけていたような気がしないでもありません。それは……、〈これだな〉という共感と、〈いや、これではない〉という否定のからみあった心情で、自分でいうのもおかしいのですが、なかなかと複雑怪奇、かつ微妙に個人的なもののようです」

それでは、作家五木寛之は往時の〈滑稽なる党派〉から昨今では〈悟達せる党派〉へと転籍したことになるのか？　いや、事は左様に単純ではあるまい。そこには、不連続的連続・連続的不連続があるように思われる。

惟うに、〈滑稽〉は〈憂鬱〉と同位相に対立するものではない。〈憂鬱—陽気〉と〈滑稽—厳粛〉とが交錯する。そこでは「〈これだな〉という共感と、〈いや、これではない〉という否定がからみあって」いるにせよ、はじめから斜に構えた姿勢になっている。〈憂鬱なる党派〉自身にとっては〈挫折〉はシビアだった筈である。六全協以前の党活動の在り方や安保闘争に対して、はじめから距離を設けたものだったに違いない。

血のメーデー、早大事件、破防法闘争と続く一九五二年に、しかも露文科に入学した松延（旧姓）寛之青年は忽ちシンパサーザーになったことであろう。しかし、入党するまでには至らなかったのではないか。敗戦後、平壌でソ連軍の進駐に遭った体験それ自体は、必ずしもハードルにはならなかったと忖度《そんたく》される。それが決定的な障壁になるようであれば、そもそも露文科への入学が考えられない。松延青年の心を薄皮のように微かに遮ったのは、むしろ、朝鮮から引揚げる過程での体験、それにもまして引揚げた後の内地での体験ではなかったろうか。

「私たちは敗戦後——と五木氏は『アカシアの花の下で』のなかで書いている——非英雄的な栄光への脱出を強いられた。

「旧大陸から半島へ南下した難民の大群は、一つの民族移動のようなものだった。そこには、悲惨と滑稽の入りまじった集団的な極限状態があった。人々はデマと幻想の中で〈内地〉に帰る日を夢み、まるで盲目的に一定の地点を求めて直進するネズミの大群のように進んだり、倒れたりした。

〈内地〉はすでに私たちにとって、いや、正確には大人たちにとって、一つのフェティッシュとなっていた。彼らは、現在の悲惨と不幸のすべてが、その約束された土地へ帰りつくことで解決すると信じ込んでいるようだった。

内地につきさえすれば——そんな文句を私たちは何度大人たちから聞かされたことだろう。

だが、私たち植民地で育った世代の少年たちには、それは全く実感のない呪文のように思われた」

内地につきさえすれば……、この約束の地＝〈内地〉と、活動家たちの謂う社会主義になりさえすれば……、この約束の未来＝〈革命〉とが、松延青年の脳裡に二重の像を結ばなかったであろうか。「彼らは、現在の悲惨と不幸のすべてが、その約束された土地へ到りつくことで解決すると信じ込んでいる……」

約束の〈内地〉は「正確には大人たちにとってのフェティッシュ」にすぎなかったにしても、寛之少年もそのフェティシズムを完全には免れていなかったであろう。だが、彼は約束の土地の実態を見てしまった。そして社会主義の黒い翳りをも進駐ソ連軍の背後に見てしまった。「なんちかんち言いなんや。理屈《じ》じゃなかたい！」。そうかもしれぬ。学生時代の松延寛之が左翼運動にどこまでコミットしたか、それにもかかわらずどこで距離をとったか、それは何故か、あれこれ忖度しても理屈でしかない。

作家五木寛之が〈憂鬱なる党派〉に対する〈滑稽なる党派〉を自称したさい、それは単純な否定的対置ではなく、次元を異にする否定、メタレベルでの否定になっていた。〈ぼくたちの運動〉〈ぼくたちの失敗〉がそこでは共有されている。このコミットメントは、『内灘夫人』や『デラシネの旗』などを持ち出すまでもなく、五木寛之に一貫しており、滑稽なる党派という自己規定はそのかぎりでは今でも維持されうる。だが、滑稽なる……という自己規定には、まだ「さり気」のありすぎる〃ツッパリ〃がみられる。滑稽なる……という自己規定そのものの滑稽さが、そのご反省されるようになったのではないか。勿論、反省という対他的対自化を経ても、事柄の滑稽さが消えるわけではない。しかし、滑稽という自己規定の滑稽さを対自的に対他化するとき、もはや単純な〈滑稽なる党派〉ではなくなる。

同じく〈滑稽なる党派〉に属するにしても、具体的な〈役割期待〉はおのずと岐れ得る。作家五木寛之は固有の在り方で〈エンターテイナー〉を演じようと努める。対他的対自＝対自的対他としての〈役割存在〉に憑自的に成りきるとき、それはもはや〈悟達〉にちかいと言うべきであろう。唯の〈滑稽なる党派〉と悟達せる〈滑稽なる党派〉とでは、斉《ひと》しくエンターテイメントと言っても、自己規定に階級上の差異が生じる。

学生時代の一文、『トルストイとはどういうものか』のなかで「〈全然価値をみとめられていない、芸術の残りの広大な原野〉すなわちフォークロア・民謡・物真似・ジョーク・見世物・装飾工芸、など豊富な民衆芸能を新らしい目でながめなおすことをトルストイは要求している。〈自らかえりみてなおくんば〉といった調子で千万人の無理解を恐れることなく個人心理の深淵にわけいったり孤独な密室の実験にいどんだりすることが最も困難な冒険であったのは昨日のことだ。大衆に理解され、それを動かし、しかも既成のいかなる偉大な芸術よりもすぐれた、そのような作品の創造にかけることこそ、アヴァンギャルドにとって不足のないスリルとサスペンスに富んだ真の現代の冒険ではなかろうか」と書いた五木寛之は、流行作家になった一九七〇年に、「私は現在、ジャーナリズムが中間小説、あるいは読みもの、と呼んでいる分野で多く仕事をしているのだが、それにはそれ自体、意識的な方法論とまでは行かずとも、或る目的意識、または傾向的心情にもとづいて働いている」と明言する。――果たして、〈現代の語り部〉とか〈読み物作者〉とかいう自己規定を額面通りに受け取ってよいものであろうか？

作家五木寛之が、いわゆる〝永遠の古典〟もまた、タイムスケールが少々長いだけで、所詮は〝一時の徒花〟だと割切っているかどうか、それは知らない。だが、いわゆる〝偉大な芸術〟。つまり既成の〝純文学〟、既成の〝クラシック音楽〟等々の時代は、もはや過去のものになったという強烈な時代意識があるのではないか。いわゆるカルチャーに対する〝いわゆる〟サブカルチャー、いわゆる高級芸術に対する〝いわゆる〟民衆芸能、そのすべてを五木寛之は嘉《よし》とするわけではあるまい。しかし、今や新しい時代が始まろうとしており、〝古典〟芸術に代わる現代芸術が誕生の時を迎えているという洞見を懐いているのではないか。

――『哲学に何ができるか』と題する私との対談の中で、五木氏はしきりに現代文化・現代芸術の〝新生の予感〟ともいうべきものを語っている。

「いまは哲学にかぎらず。たとえばトルストイとかドストエフスキーのような突出した巨大な存在が出てこない時代なのかもしれませんね。」「いろいろな文化の領域で、すぐれたもの、あるいはオリジナルなものが生まれるについては、やはり何らかの事件が整うことが必要だとぼくは思うんです。」「そして、それが現われてくるのは、やはり下位文化と呼ばれるところからなんだろうという気がしますね。そういうところが先に変わって、それから上のほうが次々と変っていくわけなんで……」

この認識は、単なる文明批評に関わるものであって、作家五木寛之の創作上の姿勢とは無関係と言われるであろうか？

成程、流行作家としての五木寛之は〝おんな、こども〟をもエンターテインするという〈役割期待〉に積極的に応えようとする。カメラの前でも〈役割期待〉にかなったポーズをとる。――彼はまた、自分の作品のすべてが〝新しい時代の文学〟としての価値を誇り得るとも思ってはいないであろう。だが、〈読物〉〈語り部〉という自己規定は、あの〈滑稽なる党派〉という自己規定と同じ次元での、むしろ対他的な卑下ではあっても、その貶下そのものを乗り超えるだけの対自的反照規定を秘めている筈である。

「私はもちろん――講談社版『さらば、モスクワ愚連隊』の〝あとがき〟は表明する――文学をやるつもりでこれらの作品を書いたのではない」。

「私は自分の作品を、いわゆる中間小説とも大衆小説とも思ってはいない。私は純文学に対応するエンターテイメント、つまり、〈読物〉を書いたつもりである。落語は〈はなし〉であり、ボリショイサーカスは〈見せ物〉である。チャップリンは〈喜劇役者〉、ビリー・ホリディは〈歌い手〉、セロニアス・モンクは〈ジャズメン〉であって、それ以外の何者でもない。文学に文学の思想と方法がある如く、〈読物〉にも読物の思想と方法があると思う。その方法を駆使して、言いたい事を言おうと試みたのだが、結果は目標へのもどかしい蛇行に終わったようだ。きたるべき一九七〇年代を前に、私はさらに私なりの方法をおし進めて行きたいと思っている」

一九七〇年代を俟つまでもない。現に『さらば、モスクワ愚連隊』のなかで、ダンチョンコ部長のショパンと「私」の『ストレイジ・フルーツ』を競演させ「ソ連対外文化交流委員会第三部長」のダンチョンコ氏に感激の涙を流させているではないか。尤も、そこではまだ、「私」はそれ以上には攻めない。「それはやはり娯楽的音楽です、では、また」と言われて甘んじてしまう。――『艶歌』では「あれを下品だというのは間違いじゃない」と一たん口を切らせたうえで、津山に「あの歌いかたには何かがあります。……大組織の組合にも属さない、宗教も持たない、仲間の連帯も見出せない人間が、あの歌を必要としているんだ。そりゃあ、西洋音楽の立場からみれば、妙なものでしょう。歌詞だって上品じゃない。だけど、あれには何かがあるんだ。……あそこには何かがあるんだ」と認めさせている。――「〈読物〉にも読物の思想と方法がある」。いや、それ以上のものがある。

作家としての立場では、そして生来シャイな五木であってみれば、そこまでしか言えない。「大衆に理解され、それを動かし、しかも既成のいかなる偉大な芸術よりもすぐれた、そのような作品の創造にかけるという、アヴァンギャルドにとって不足のない真の現代の冒険」という学生時代の抱負を今現に遂行しているのだとは言えない。〈滑稽なる党派〉〈エンターテイナー〉という自己規定には韜晦の意が籠ることになる。

本音を探るためには、そこで、第三者への仮託を見なければならない。ここでは『デラシネの旗』の「あとがき」を見てみよう。

「一九六八年の夏、私は……半身不随のパリに到着した。……フランスの体制を衝撃的にゆさぶった五月の嵐は、すでにその進路を少しずつ変えつつあったが、その中で国営テレビの放送労働者や、エコール・デ・ボザール（国立美術学校）の学生たちは、自分たちの城を守りつづけていた。学生たちの手で管理されたボザールの校内は、いわばドゴールに対するポスター戦の基地のようなものだった。パリの市民たちは、徹夜で刷られたポスターが毎朝市中を埋めつくすのを驚きと期待の目で眺めていた。校内の薄汚れた教室では、毎日違ったコピーと違ったデザインが決定され、単色シルク・スクリーンのポスターは、乾くひまもなく夜の街へ運び出された。フランスだけでなく、国外からも多くの詩人、グラフィック・デザイナー、イラストレーター、印刷工、コピー・ライター、作家などがボザールに集まってきて、校内はさながら陽気な難民収容所の観を呈していた。食事はすべて学生の手で給食され、赤ん坊を連れた女子学生の姿も見られた」。——たかがポスターではないか、と人は言うかもしれない。だが、五木寛之はさり気なく次のように続ける——「私の見た限りでは、この校内で作られたポスター（約三百種といわれる）は、フランスの美術、文学、そしてジャーナリズムの伝統の最良の部分が衝撃的な開花を見せた傑作ぞろいのように思われた」。

五木寛之は、ここで、ポザールのポスターが従来の美術に比べて、それ以上の価値を持つと言っているのではない。そういう「力み」はもはや問題外なのである。

〝純文学〟に対して〝エンターテイメント〟を対置したさいには、まだなにがしかの「力み」がみられた。しかし、昨今では、建前のうえではともかくとして、本音では「力み」が消えたようである。

我が心は石にあらずといった高橋和巳流の〝つっぱり〟も、エンターテイナーに徹せねばという〝りきみ〟も最早ない。それなら、いっそのこと。隠栖《いんせい》すればいい？　いや、隠栖らしい隠棲は「さり気」があって「笑止」だ。「さり気なく生きるということは——別役氏が言う通り——自らをパロディー化することでも道化にすることでもない。逆に、そうすることの出来ない人間が選び取った方法なのである」。

この生き方は、「そうすることの出来ない人間が選び取った方法だ」とはいっても、実は最も困難な行往坐臥である。謹厳な顔付《つらつき》を保つにせよ、軽薄な表情を作るにせよ、道化ぶることはまだしも容易《たやす》い。それはそれなりに我を張った生き方だからだ。そういう突っ張った対自的対他存在の莫迦莫迦しい滑稽さが自覚されるとき――いや、そういう対象化された認識ではなく「突っ張り」が内外から術《すべ》もなく潰えてしまうとき――人はもはや道化ることさえ「出来なく」なる。仮面《おもて》をかなぐり棄てて素顔《おもて》を曝さざるを得なくなる。素面《おもて》というのは、しかし、決して強《こわ》ばったものではなく、融通無礙な対他的対自＝対自的対他の反照である。それが、亦、悟達の境地と謂うものであろう。

「五木寛之とは、そんなにたやすくシッポを出すような作家ではない。私たちが見るのは彼が私たちに見せようと思う彼の顔、ただそれだけなのだ。あまりかんたんに、のせられてはいけない」――『別冊・ポエム』のなかで中島梓女史はこう警告を発している。

念うに、しかし、五木寛之はいずれにせよ滑稽な真似はしないであろう。いや、出来ないであろう。所期の〈役柄〉を演ずるとしても、それは淡々とした扮技でしかありえまい。――過日、笠井潔に向かって漏らした口吻から私はそう感じとった。

（初出『面白半分』一九八〇年七月増刊号）

廣松渉（ひろまつ・わたる）

1933年〜1994年。『ドイツ・イデオロギー』におけるマルクスの思想が、それ以前の『経済学・哲学草稿』の疎外論から、後期の物象化論へ思想的転換が起こっているとの独自の見解を展開し、マルクス研究の画期的な地平を切り拓く。主著に『存在と意味』（岩波書店）、『廣松渉著作集』（全16巻、岩波書店）、『廣松渉コレクション』（全6巻、情況出版）など多数。

五木寛之（いつき・ひろゆき）

1966年『さらばモスクワ愚連隊』でデビュー。『蒼ざめた馬を見よ』で直木賞。スペイン内戦や五月革命など現代史に材を採った『戒厳令の夜』『デラシネの旗』。サンカの世界を描いた『風の王国』、未完の大河小説『青春の門』シリーズなど。長編小説『親鸞』で毎日出版文化賞特別賞。『大河の一滴』その他、評論、エッセイなど多数。

情況新書013

哲学《てつがく》に何《なに》ができるか（抄《しょう》）

2018年8月20日　初版第1刷発行

著　者　廣松渉・五木寛之
発行人　中澤教輔
解　説　伊吹浩一
編　集　横山茂彦
装　丁　杉本健太郎
発行所　世界書院
〒101-0051 東京都千代田区神田神保町3-11-1
電話 03-5213-3345

http://sekai-shyoin.com

印刷・製本　中央精版印刷

ISBN978-4-7927-9576-4